Manfred Chobot

Maui fängt die Sonne

Mythen aus Hawaii

Deuticke

Inhalt

7 Hawaii – Mythen und Götter

Maui, der trickreiche Halbgott

19 Maui hebt den Himmel
21 Maui fängt die Sonne
26 Der trickreiche Fischer Maui
29 Maui findet Feuer
33 Der achtäugige Pea-pea entführt Mauis Frau
37 Maui erfindet das Drachenfliegen
39 Hina und ihr gescheiterter Liebhaber Kuna
42 Hinas Töchter

Pele, die Göttin des Feuers

47 Peles Reise nach Hawaii
52 Ai-laau, der Waldesser
54 Peles Kampf gegen den Drachen Pii und die Eule Pueo
57 Pele und der Schweinegott Kama-puaa
62 Pele und die Schneegöttin Poliahu
64 Der Geistertanz auf dem Punchbowl-Krater
68 Das Versprechen von Aiwo-hi-kupua
72 Die Tochter der beiden Hügel
74 Die Legende von Ka-ohelo
77 Peles langer Schlaf
84 Hopoe, der tanzende Stein
88 Hiiakas Kampf mit den Dämonen
91 Hiiaka begegnet Wahine-omao
95 Hiiaka zwingt einen Geist zurück in seinen Körper
99 Lohiau und Hiiaka

Das Wasser des Lebens

107 Der kranke König mit den drei Söhnen
115 Die Erschaffung des Menschen
118 Maluae in der Unterwelt
123 Lono, der weise Heiler
128 Ka-ilios Reise ins Reich der Schatten
133 Der Mann, der seine Frau wieder heiratete
135 Der Große Hund Ku
138 Der König mit den wundersamen Dienern
143 Ein gewaltiger Felsenwurf
146 Die lebensspendende Banane

Menehune, die fleißigen kleinen Leute

153 Über die Menehune
155 Pi bereitet ein Fest vor
159 Laka und sein Kanu
162 Kekupuas Kanu
165 Wie die Menehune ihre Fische retteten
167 Ein Helm für den Hügel Kuili

Geister, Götter, Haie, Drachen

173 Die Legende vom Brotfruchtbaum
177 Haumea und der Baum der zweifachen Blüten
181 Die Göttin Haumea und ihr Gatte Wakea
184 Häuptling Puna und die Drachenfrau
189 Der kannibalische Hundemensch
192 Der Vogelmensch Namaka
195 Der Seilmensch Palila
198 Der Speerwerfer Kapu-nohu
200 Ka-lele, der Sohn des Schläfers
204 Der Waldgott und das Kanu
207 Der Haigott Kau-huhu
211 Der Haimensch Nanaue
214 Iwa, der Meisterdieb
220 Punia und der König der Haie
224 Mamala, die Surferin
226 Ein Hai wird vor Waikiki bestraft
229 Die verliebten Taropflanzen

231 Glossar

Hawaii – Mythen und Götter

Die alten Hawaiianer kannten weder das Schießpulver noch Porzellan oder Tongefäße. Sie lebten angenehm wie ihre Vorfahren in einem »paradiesischen« Klima. Phantasievoll erzählten sie sich wunderbare Geschichten von Göttern, Gnomen, Drachen und Menschen, von der Vulkangöttin Pele oder vom Gott Maui, der den Himmel hob und die Sonne fing; von den emsigen kleinen Menschen, den Menehune. Eros und Sexualität prägten ihre Mythen. Über Jahrhunderte wurden diese Legenden von Generation zu Generation mündlich überliefert. Manche der Geschichten sind nahe verwandt den Legenden, die man auf Tahiti, Samoa, Fidschi, Neuseeland und anderen Inseln des Pazifischen Ozeans erzählt.

Alle Hawaii-Inseln sind vulkanischen Ursprungs. Jede Insel besteht aus einem oder mehreren Vulkanen, die sich vom Grund des Ozeans über die Wasseroberfläche erhoben haben. Verantwortlich für Vulkanismus ist die Tektonik der Kontinentalplatten: Auf dem flüssigen Magma des Erdinneren schwimmen wie Schalen von rund hundert Kilometern Dicke die Kontinentalplatten. Eine davon ist die Pazifische Platte; auf ihr sitzen die Hawaii-Inseln. Durch die Bewegung und Reibung der Kontinentalplatten werden gewaltige Energien frei, die Erdbeben und Vulkanausbrüche verursachen.

Während die Kontinentalplatten Bewegungen ausgesetzt sind, ist der »Hot Spot« unterhalb des Meeresbodens seit Jahrmillionen stabil. Durch den Druck der Lava im Erdinneren bricht die Erdkruste auf und über dem »Hot Spot« entsteht ein Vulkan, der im Laufe der Zeit aus dem Wasser emporzuragen beginnt. Hat er sich schließlich zu einer Insel entwickelt, ist die Landmasse der Erosion durch Regen und Wind ausgesetzt. Infolge der Tektonik der Pazifischen Platte driften die Hawaii-Inseln jährlich etwa zehn Zentimeter nach Nordwesten. Als würde man einen Kochtopf nach und nach von der Herdflamme schieben, erkalten die Vulkane allmählich. Vulkanische Aktivität findet sich daher bloß noch auf der Großen Hawaii-Insel – der geologisch jüngsten –, und zwar am heftigsten im Süden, wo der Vulkan Kilauea zu den aktivsten und am besten überwachten der Erde zählt.

Inzwischen hat sich bereits ein neuer Krater auf dem Grund des Meeres südöstlich der Großen Insel gebildet. Obwohl diese zukünftige Hawaii-Insel nur achthundert Meter von der Wasseroberfläche entfernt ist, wird es noch etwa tausend Jahre dauern, bis sie aus dem Meer ragen wird. Der äußerste westliche Zipfel des hawaiischen Archipels, das Kure-Atoll mit einer Fläche von knapp einem Quadratkilometer, ist inzwischen mehr als zweitausend Kilometer vom »Hot Spot« entfernt und zirka siebzig Millionen Jahre alt.

Da die westlichen Inseln bereits zu Zeiten der hawaiischen Mythenbildung keine vulkanische Tätigkeit mehr aufwiesen, konnte sich die Vulkangöttin Pele – wie überliefert wurde – dort auch nicht dauerhaft niederlassen, sondern fand ihre Heimstatt erst auf der Großen Insel.

Acht Hauptinseln umfasst die Hawaii-Gruppe, nämlich Hawaii (die Große Insel), Maui, Lanai, Molokai, Kahoolawe, Oahu, Kauai und Niihau.

Die Besiedelung erfolgte aus dem Südpazifik, wobei zwei Einwanderungswellen bedeutsam waren: Zwischen 800 und 500 v. Chr. kamen Polynesier von den Marquesasinseln, denen fünfhundert bis sechshundert Jahre später Einwanderer von den Gesellschaftsinseln und Tahiti folgten. Möglicherweise waren die ersten Siedler jene legendären Menehune, die dann von einer anderen Gruppe von Einwanderern unterworfen oder vertrieben wurden: Ursprünglich bedeutete das Wort »Sklave«; erst später bezeichnete es ein sagenhaftes Volk von Gnomen und Zwergen.

Warum Menschen auf hölzernen Booten mehr als dreitausend Kilometer nordwärts segelten, ohne zu wissen, wohin sie gelangen würden – angewiesen auf die Navigation mit Hilfe der Sterne und des Fluges der Vögel –, wird wohl für immer ein Rätsel bleiben. Jedoch die Idee einer weiten Reise von fernen Inseln zieht sich wie ein roter Faden durch die hawaiischen Mythen – immer wieder die Sehnsucht nach dem fernen Land *Kahiki* (Tahiti). Denn Mythen und Legenden sind nicht nur phantastische Geschichten menschlicher Kreativität. Irgendwo dazwischen verbirgt sich stets auch ein Körnchen vergessen geglaubter Erinnerungen.

Die Hawaiianer kannten keine Schrift, ihre Sprache wurde erst nach der Entdeckung der Inseln durch James Cook (18. Januar 1779) von christlichen Missionaren in der Mitte des 19. Jahrhunderts schriftlich festgehalten. Das hawaiische Alphabet besteht aus zwölf Buchstaben: den fünf Vokalen sowie den Konsonanten h, k, l, m, n, p, w. Ausgesprochen werden die Vokale wie im Deutschen, Italienischen oder Lateinischen. (Denn die Missionare beherrschten natürlich Latein.) Eine Prinzessin heißt daher Like-like, nicht »Leik-leik«. Allerdings kennt die hawaiische Sprache keine Doppelvokale. Jeder Vokal ist gesondert auszusprechen! Ka-u-a-i, Ni-i-ha-u, Hi-i-aka, A-iwo-hi-kupu-a oder Hawa-i-i. Jede Silbe endet – ebenso wie jedes Wort – mit einem Vokal. Mit den anderen polynesischen Sprachen ist das Hawaiische nahe verwandt.

Abgesehen von der Sprache brachten die Polynesier nicht nur Bananen, Süßkartoffeln, *Taro*-Wurzeln, Schweine, Hühner und Hunde aus dem Südpazifik mit, sondern ebenso ihre Götter. Vier Hauptgötter wurden in Hawaii verehrt: Kane, Ku Kanaloa und Lono. Daneben gab es zahlreiche Götter und Halbgötter. Das hawaiische Götter-Pantheon war ziemlich dicht bevölkert, ein Lied spricht von vierhunderttausend Göttern, was jedoch als poetische Übertreibung angesehen werden mag. Allesamt waren sie jedoch nicht unfehlbar, besaßen menschliche Eigenschaften, waren ungerecht und zornig, begingen Fehler, die sie allerdings auch eingestehen konnten. Die Götter wurden als Vorfahren der Menschen betrachtet.

Kane war der Ahnherr sämtlicher Häuptlinge und ihrer Gefolgsleute, der Vater jeglicher lebender Wesen. Er war der Gott des Sonnenscheins, des frischen Wassers und der Wälder. Er schuf drei Welten: die oberste Welt der Götter, das Reich des Himmels und die Erde als Garten für die Menschen. Später stattete er das Meer mit Tieren und Pflanzen aus. Im Gegensatz zu Ku forderte er keine Menschenopfer.

Ku war der wütende Gott des Krieges, dem Menschenopfer dargebracht wurden. Aber er war auch verantwortlich für die männliche Zeugungskraft, den Regen und den Fischfang. Daneben war die Magie sein Metier.

Kanaloa herrschte über das Reich der Geister. Er war der Herr des Ozeans und der Meereswinde. Mitunter nahm er die Gestalt einer Banane oder eines Tintenfisches an. Auch über Krankheiten und deren Heilung erstreckte sich sein Einfluss. Oftmals trat er in Begleitung von Kane auf. Gemeinsam konnten sie Quellen zum Wohle der Menschen nutzbar machen.

Lono besaß Macht über das Wachstum der Pflanzen, über die Fruchtbarkeit, den Regen, die Winde und das Meer. Ebenso bewachte er den Sport sowie den Frieden. Er konnte in fünfzig verschiedenen Gestalten auftreten und wurde besonders nach der Ernte im November, Dezember und Januar beim jährlichen

Makahiki-Fest geehrt. (Da James Cook Hawaii während dieser Zeit erreichte, wurde er für Lono gehalten und entsprechend verehrt.) Der Kürbis, aus dem Wasserkalebassen sowie Behälter für Fische und Lebensmittel angefertigt wurden, galt als Lonos irdische Verkörperung, zumal der Kürbis auch die Erde symbolisierte. Die Kerne seines Fruchtfleisches stellten alle lebenden Menschen dar, aber auch die Sterne des Himmels waren aus den Kernen entstanden. Zudem war Lono ein Onkel der Vulkangöttin Pele.

Der Machtbereich der Götter war nicht immer streng umgrenzt, sodass es zu Überschneidungen der Kompetenzen kam. Die Folge waren Streitigkeiten und Eifersucht. Wetteifernd traten die Götter in Konkurrenz zueinander. Jedem Menschen stand es frei, sich eine Gottheit zu wählen, der er huldigen wollte. Nach den vier Hauptgöttern rangierte die Göttin Hina sowie das Götterpaar Haumea und Wakea. Deren ranghöchste Kinder waren Kapo, die Göttin der Zauberei, die aus den Augen ihrer Mutter Haumea geboren wurde, die Vulkangöttin Pele – entbunden aus den Hüften – und der oberste Haigott Ka-moho-alii. Die Familie von Pele war überaus weit verzweigt.

Da man es mit der ehelichen Treue nicht allzu genau nahm, kam es zu verwandtschaftlichen Verwicklungen und Komplikationen. Die Verwandtschaftsverhältnisse spielten eine zentrale Rolle im sozialen Leben der Hawaiianer und ihrer Götter. Nicht zuletzt wurden Macht und Privilegien eines Häuptlings durch seine Abstammung gleichermaßen bestimmt wie begründet, weshalb es galt, die exakte Abfolge der Vorfahren nachzuweisen. Wobei die Aufrichtigkeit gewiss keine Tugend war. Wie überall auf der Welt strapazierten die Herrscher den »göttlichen Willen«, um ihre Macht zu legitimieren.

Wakea galt als Gott des Lichts und des Himmels, der »das Tor der Sonne öffnete«, demnach war er sowohl der Vater der Häuptlinge als auch des gemeinen Volks. Mit seiner Frau Haumea teilte er sich den Tag. Jeder der beiden beherrschte eine Hälfte des Tages. Wakea war der Vater der Vulkangöttin Pele. Irgendwann kam er mit seiner Frau Haumea von einem fernen Land nach Hawaii. Nachdem Haumea sich endgültig von ihrem Gatten getrennt hatte, kehrte ihr Geist zurück nach Kahiki.

Haumea (auch Papa genannt) war die Göttin der Fruchtbarkeit, die Göttin der Erde und der Unterwelt, Mutter von Göttern und Halbgöttern. Sie besaß die Fähigkeit, sich in verschiedenen Gestalten zu zeigen sowie sich immer wieder zu verjüngen. Besonders fruchtbare Bäume wurden mit ihr in Verbindung gebracht. Daher wurde sie auch als Beschützerin der Geburt betrachtet. Manche Pflanzen und essbaren Farne galten als die abgelegte Kleidung von Haumea. Möglicherweise war sie die Schwester der Götter Kane und Kanaloa.

Pele, eine der schillerndsten Gestalten der hawaiischen Mythologie, herrschte als Göttin über die Vulkane der Großen Insel, wo sie nach langer Wanderschaft im Krater des Kilauea ihre endgültige Heimstatt fand. Die Beeren des *Ohelo*-Strauchs waren ihr heilig. Sie soll einen Sohn namens Menehune gehabt haben.

Ka-moho-alii war der angesehenste und am meisten verehrte Haigott der Hawaiianer. Um selbst zu Haien werden zu können, opferten ihm alle Mitglieder der Pele-Familie einen menschlichen Körper. Sein Höhle, von der aus er den Vulkankrater überblicken konnte, war so heilig, dass nicht einmal Pele es wagte, sie mit ihrem Rauch zu behelligen. Nahm Ka-moho-alii seine menschliche Gestalt an, erschien er nackt – ein Privileg, das einen Gott auszeichnete. Seine Mutter Haumea hatte ihn aus ihrem Kopf heraus geboren.

Laka war die Göttin des Hulatanzes. Scheinbar eine Schwester von Pele, war sie tatsächlich ihre Tochter. Mit der Pele-Schwester Kapo, die aus den Augen von Haumea geboren wurde, bildete sie ein Duo, wobei Laka der aktive und Kapo der passive Teil war – ein Geist, der über zwei Namen verfügte. Der

Hula besaß spirituelle Kräfte, die man auf eine andere Person zu übertragen trachtete. Ein Fehler der Tänzerin in der Schrittabfolge signalisierte, dass die gehuldigte Person das Geschenk nicht angenommen hatte. Denn ebenso wie ein Lied ging der Tanz in den Besitz desjenigen über, dem er gewidmet war.

Hiiaka war die jüngste Schwester von Pele und wurde gleichfalls als Hulagöttin verehrt. Sie war einem Ei entschlüpft, das Pele so lange an ihrem Busen getragen hatte, bis es reif geworden war. Sie machte sich auf die Suche nach Peles Liebhaber, den sie schließlich selbst zum Mann nahm, da Pele ihre Lebensgefährtin aus Eifersucht getötet hatte.

Hina war die Göttin der Frauenarbeit und der Herstellung von *Kapa*-Stoff. Dieser wurde durch Schlagen der Rinde des Maulbeerbaumes gewonnen, er musste befeuchtet und dann wieder getrocknet werden. Eine Zeit lang soll Hina mit Wakea, dem göttlichen Gatten von Haumea, verheiratet gewesen sein. Hina war die Mutter von Maui.

Maui hingegen war lediglich ein Halbgott, wiewohl seine Mutter eine Göttin war. Unklar ist, wer Mauis Vater war. Auf Mauis diesbezügliche Frage hatte Hina geantwortet: »Es war ein Lendenschurz. Ich hatte zu dieser Zeit keinen Mann an meiner Seite.« Für Mauis Brüder langte es nicht einmal zur Halbgottheit – sie blieben gewöhnliche Menschen. Maui war ein Schlitzohr. Er vollbrachte allerlei kühne Taten, denn er war schlau und beherrschte etliche Tricks. Gestorben ist er wie ein Mensch.

Manche der Götter und Göttinnen bedienten sich verschiedener Namen. Sie konnten ihre Namen jemandem überlassen, genauso wie man ein Lied oder einen Tanz als persönlichen Besitz weiterschenken konnte.

Gewitter und Donner ereignen sich äußerst selten in Hawaii (im Gegensatz zu Regenbogen), weshalb sie als göttliche Zeichen erachtet wurden, die Geburt oder Tod einer herausragenden Persönlichkeit anzeigten.

Eine zentrale Rolle spielte die Verehrung der Ahnen, der *Aumakua*. Auf die Geister der Vorfahren konnte man sich jederzeit verlassen, denn sie standen all jenen bei, die in Bedrängnis waren.

Sämtliche hawaiische Götter besaßen die Fähigkeit, sich in andere Gestalten zu verwandeln. Metamorphosen waren gang und gäbe, allemal konnten andere Formen angenommen werden. Die Götter erschienen als Menschen oder Drachen, als Haie oder Hunde; ihre Geister vermochten jede beliebige Reise anzutreten, ob zu anderen Inseln oder in die Unterwelt. Sowohl Distanzen als auch existentielle Zustände wurden derart überwunden. Durch die Möglichkeit, in andere Welten zu wechseln, wurden alle Arten von Grenzen aufgehoben. Ein Stück Holz konnte zu einem Gott werden oder aus dem Rock einer Göttin wuchs ein Strauch.

Stets waren die Geschichten einem bestimmten Ort zugeordnet, sodass sie präzis lokalisiert und auf ihren Wahrheitsgehalt überprüft werden konnten. Nicht irgendwo, in unbekannten Gegenden, hat sich diese und jene Legende abgespielt, sondern dort, wohin jeder gelangen konnte, an Plätzen, die allen vertraut waren und wiedererkannt wurden.

Farben und Gerüche unterstützten die Signalwirkung und Identifikation. Jedem Gott war der Geruch einer bestimmten Blüte oder Farbe zugeordnet. Gelb und Rot waren die vorrangigen göttlichen Farben, derer sich daher auch die Häuptlinge bedienten. Rote Blumen zeigten Verehrung an. Gelb war die bevorzugte Farbe des Gottes Kane. Niemand, der von den Göttern geliebt werden wollte, wagte es, gegen diese Farben- und Geruchsgebote (Tabus) zu verstoßen.

Das System der Tabus umfasste alle Bereiche des Lebens. (Der hawaiische Begriff »Kapu« ist über den Umweg des Englischen auch in unseren Sprachgebrauch gelangt.) Fiel der Schatten eines Untertanen auf die Hütte eines Häuptlings oder überschritt jemand eine symbolische Umgrenzung, riskierte er sein Leben. Hierarchische Strukturen wurden auf diese Weise manifestiert. Der herrschenden Klasse (Alii) war es vorbehalten, Gesetze zu erlassen, an die sich ihre Untertanen strikt zu halten hatten. Da die Häuptlinge ihre Abstammung allesamt von den Göttern ableiteten, bot ihnen dies eine Legitimation, ihre Macht auszuüben. Wer gegen eines der Tabus verstieß, wurde gesteinigt, erschlagen, erwürgt, lebendig begraben oder verbrannt, in den meisten Fällen jedoch in einem Tempel den Göttern geopfert.

Weniger rigorose Tabus verboten Frauen den Genuss bestimmter Speisen, etwa von Schweine- oder Haifischfleisch, Kokosnüssen und Bananen. Ein anderes Tabu untersagte Männern, gemeinsam mit Frauen eine Mahlzeit einzunehmen – und umgekehrt. Einerseits regelten die Tabus das soziale Leben, andererseits sicherten sie die Versorgung mit Nahrungsmitteln. Nichtsdestotrotz missbrauchten manche Häuptlinge und Priester ihr Privileg, eigneten sich etwa hervorragende Plätze für private Zwecke an, um dort zu fischen oder zu segeln. Unter dem Vorwand göttlichen Willens ließ sich Unterdrückung leicht durchsetzen. Dabei erfüllten die Tempel (Heiau) eine zentrale Funktion.

Die hawaiischen Tempel unterschieden sich grundsätzlich von den europäischen. Keine monumentalen Gebäude, sondern von Steinmauern umzäunte heilige Bezirke mit Podien, Terrassen, Altären, Opferstöcken sowie Holzskulpturen der Götter, die in dem Tempel verehrt wurden. Daneben gedeckte Orakeltürme, einige Hütten für die Priester und den regierenden Häuptling. Dem europäischen Verständnis fremd ist die Tatsache, dass man seinen Gott irgendjemandem zur Verehrung überlassen konnte, um sich selbst einer anderen Gottheit zuzuwenden. Trotz missionarischer Tätigkeit huldigen so manche Hawaiianer nach wie vor den alten Göttern. An ehemals heiligen Orten kann man immer wieder Steine, Muscheln oder

Blumen in einer bestimmten magischen Anordnung entdecken.

Um den Kampfgeist und die Motivation für einen Krieg wach zu halten, wurden die größten Tempel erbaut. Man brachte dem Kriegsgott Ku Menschenopfer dar, was die Krieger psychisch auf den Nahkampf vorbereiten sollte. Die Häuptlinge förderten das Erlernen der Kriegskunst: das Ringen, Boxen und Speerwerfen. An Waffen verfügten die Hawaiianer über Wurfspieße, bis zu sechs Meter lange Speere, Knüppel sowie mit Haifischzähnen bewehrte Dolche, Keulen, Würgeseile, geschliffene Steine und Äxte. Der Beginn einer Schlacht wurde von einem Astrologen festgesetzt, um einen günstigen Ausgang zu erzwingen.

Wenn sie nicht in Kämpfe verwickelt waren, widmeten sich die Hawaiianer gerne Sport und Spiel. Beliebt waren die verschiedensten Arten von Geschicklichkeits- und Glücksspielen. Sie ließen Drachen aus Kapastoff steigen, schossen mit Pfeil und Bogen, fuhren auf Schlitten eigens präparierte Abhänge hinab oder surften auf den Wellen der Brandung.

An den Abenden erzählten sie sich Geschichten.

Maui,
der trickreiche
Halbgott

Maui hebt den Himmel

Mauis Heimat war lange Zeit umgeben von Dunkelheit, denn der Himmel war noch nicht von der Erde getrennt worden. Derart nahe und schwer lag der Himmel auf der Erde, dass die Blätter der Pflanzen gezwungen waren, sich platt zu machen: Auf diese Weise erlangten sie eine größere Oberfläche, wodurch sie die Wolken ein wenig in die Höhe heben und den Himmel wegschieben konnten. Die Blätter mussten also flach wachsen und sie sind seit damals dabei geblieben. Zentimeter für Zentimeter haben die Pflanzen den Himmel gehoben, sodass die Menschen zwischen Himmel und Erde kriechen konnten, um von einem Ort zu einem anderen zu gelangen oder um einander besuchen zu können.

Eines Tages kam ein Mann namens Maui zu einer Frau und sagte: »Gib mir etwas Wasser aus deinem Flaschenkürbis und ich will den Himmel höher hinaufschieben.« Bereitwillig reichte ihm die Frau ihre Kalebasse. Nachdem er einen tiefen Schluck genommen hatte, stemmte sich Maui gegen die Wolken und schob sie empor. Nun konnten die Bäume ihre Stämme ausstrecken und höher wachsen.

Bald danach drückte sich Maui wieder gegen den Himmel und stemmte ihn hinauf zu den Gipfeln der Berge. Ein weiteres Mal presste er ihn unter größter Anstrengung hinauf, dorthin, wo er sich heute befindet. Trotzdem hängen oftmals dunkle Wolken tief hinunter auf die Hänge von Mauis größtem Berg, dem Haleakala, und fallen als heftiger Regen herab. Jedoch wagen es die Wolken nicht, allzu lange zu bleiben – aus Furcht davor, dass der kräftige Maui wieder erscheine und sie derart weit wegschleudere, dass sie niemals mehr würden zurückkehren können.

Ein Mann, der Maui beobachtet hatte, wie er den Himmel emporgehoben hatte, spottete darüber, wie jemand eine derart schwierige Aufgabe übernehmen könne. Nachdem Maui die Wolken auf ihren endgültigen Platz gehievt hatte, widmete er sich diesem Lästermaul, um es zu bestrafen. Der Mann war auf die andere Seite der Insel geflohen. Maui verfolgte ihn und fing ihn an der Küste ein, wenige Kilometer nördlich der Stadt Lahaina. Nach einem kurzen Ringkampf verwandelte Maui den Mann in einen schwarzen Felsen, der von jedem Reisenden besichtigt werden kann, der die hawaiischen Legenden bestätigt sehen möchte.

Maui fängt die Sonne

Nachdem Maui den Himmel auf seinen Platz verwiesen und ihn dauerhaft befestigt hatte, erkannte er, dass er auf diese Weise dem Sonnengott eine Gelegenheit geschaffen hatte, nach seinem Hervortreten aus der Unterwelt allzu schnell über das blaue Gewölbe zu huschen. Tatsächlich: Der Mond, fahl und tot, bewegte sich langsam; während die Sonne, voller Leben und Kraft, rasch dahinzog. So waren die Tage sehr kurz und die Nächte sehr lang. Die Menschen litten unter der heftigen Hitze der Sonne, aber ebenso unter ihrer langen Abwesenheit. Tag und Nacht waren gleichermaßen eine Last. Die Dunkelheit war intensiv und dauerte so lange, dass die Früchte nicht reiften.

Maui überlegte, die Sonne zu fangen und sie zu bestrafen, weil sie so wenig auf das Wohl der Menschen Rücksicht nahm.

Die unbedachte Hast der Sonne bereitete auch Mauis Mutter heftigen Kummer. Gar viel *Kapa*-Stoff galt es zu erzeugen, denn daraus fertigte man die bevorzugte Art von Bekleidung, abgesehen von wenigen gewobenen Matten oder langen Grasfransen, die man als Hose trug. Der Kapastoff wurde hergestellt, indem man die innere Rinde des Maulbeerbaums mit hölzernen Schlägeln bearbeitete, bis die Fasern eine einheitliche Struktur annahmen. Sodann klopfte Mauis Mutter das Mark zu dünnen Blättern, aus denen die besten Schlafmatten und

Gewänder angefertigt wurden. Der Kapastoff musste gründlich getrocknet werden, indes waren die Tage überaus kurz. Kaum hatte Mauis Mutter den Stoff ausgebreitet, war die ungeduldige Sonne bereits über den Himmel gehastet und in der Unterwelt verschwunden. Wieder mussten die Stoffe eingesammelt und bis zum nächsten Tag aufbewahrt werden.

Es quälten die Menschen noch andere Probleme: Das Essen konnte nicht innerhalb eines Tages zubereitet und gekocht werden. Bevor eine Beschwörung der Götter zu Ende gesungen werden konnte, war die Dunkelheit bereits hereingebrochen. Diese Dinge waren sehr entmutigend und verursachten unnötige Arbeit und Unannehmlichkeiten. Zahlreiche Beschwerden wurden deswegen gegen die gedankenlose Sonne geäußert.

Maui hatte Mitleid mit seiner Mutter. Daher beschloss er, die Sonne zu zwingen, langsamer über den Himmel zu gehen, sodass die Tage lange genug sein würden, um die Bedürfnisse der Menschen zu befriedigen. Also machte er sich auf den Weg in den Nordwesten jener Insel, auf der er lebte, und begab sich auf den Berg Iao, einen erloschenen Vulkan, wo eines der schönsten und malerischsten Täler der hawaiischen Inseln lag. Er kletterte den Grat empor, bis er den Lauf der Sonne über dem Himmel der Insel erkennen konnte. Maui bemerkte, dass die Sonne auf der Ostseite des Berges Haleakala hervorkam.

Nachdem er die Ebene zwischen den beiden Bergen durchquert hatte, musste er nunmehr auf den Gipfel des Haleakala steigen. Hier beobachtete er die brennende Sonne, wie sie emporkam und direkt über den Gipfel des Berges dahinzog. Der Haleakala war ein gewaltiger schlafender Vulkan. Durch zwei Schluchten an der Kraterwand war dereinst die Lava geflossen. Maui plante, die Sonne an der östlichen Schlucht zu fangen.

Während Maui den Lauf der Sonne verfolgte, wurde er von einem Mann verspottet, der es lächerlich fand, die Sonne einfangen zu wollen. »Du wirst die Sonne niemals zu fassen kriegen, du bist bloß ein eitler Niemand.« Maui entgegnete: »Sobald ich meinen Gegner bezwungen und mein Ziel erreicht habe, werde ich dich töten.«

Nachdem er den Weg der Sonne studiert hatte, kehrte Maui zu seiner Mutter zurück und erzählte ihr, dass er die Beine der Sonne abschneiden würde, damit sie nicht mehr so schnell laufen könne.

Seine Mutter fragte: »Bist du kräftig genug für diese Arbeit?« Maui erwiderte: »Ja, das bin ich.« Worauf sie ihm fünfzehn Strähnen einer ordentlich verwobenen Faser gab und ihm riet, zu seiner Großmutter zu gehen, die im großen Krater des Haleakala lebte, um von ihr jene Hilfsmittel zu erhalten, die er für die Auseinandersetzung mit der Sonne benötigen würde. Sie sagte: »Du musst den Berg hinaufklettern bis zu einem Ort, wo ein mächtiger *Wili-wili*-Baum steht. Dort rastet die Sonne, um sich mit gekochten Bananen zu stärken, die deine Großmutter vorbereitet hat. Bleibe, bis ein Hahn dreimal kräht. Dann beobachte deine Großmutter, wie sie aus dem Haus tritt, um ein Feuer zu machen, und darauf das Essen stellt. Stehle ihre Bananen. Sie wird die Bananen suchen, dich entdecken und dich fragen, wer du bist. Sage ihr, dass du der Sohn von Hina bist.«

Nachdem Maui sich all diese Dinge eingeprägt hatte, stieg er auf den Berg Haleakala. Wie ihm seine Mutter Hina vorausgesagt hatte, fand er den großen Wili-wili-Baum, wo er wartete, bis der Hahn krähte. Beim dritten Schrei erschien die Großmutter mit einem Bündel Bananen, um sie für die Sonne zu kochen. Sie nahm einige davon und legte die anderen beiseite. Sogleich wurden diese von Maui entwendet.

Als sich die Großmutter wieder umdrehte und mit dem Kochen beginnen wollte, konnte sie nirgendwo die Bananen entdecken. Zornig rief sie: »Wo sind die Bananen für die Sonne?« Worauf sie einen weiteren Teil des Bündels nahm, doch Maui stahl auch diesen. Schließlich hatte er das ganze

Bündel entwendet. Da seine Großmutter nahezu blind war, hatte sie ihn noch nicht entdeckt. Sie schnupperte umher, bis sie den Geruch eines Mannes wahrnahm. Sie fragte: »Wer bist du? Wessen Sohn bist du?«

Maui antwortete: »Ich bin der Sohn von Hina.«

»Warum bist du gekommen?«

Maui sagte: »Ich bin gekommen, um die Sonne zu töten. Sie läuft dermaßen schnell, dass Hinas Kapastoffe niemals trocknen.«

Die alte Frau gab ihm einen Zauberstein, aus dem er sich eine Kampfaxt fertigen möge, sowie ein weiteres Seil. Sie erklärte ihm, wie er vorgehen solle: »Verstecke dich hinter dem großen Wili-wili-Baum. Sobald das erste Bein der Sonne auftaucht, fange es mit dem ersten Seil. Fessle jedes ihrer Beine, bis alle deine Seile aufgebraucht sind. Befestige deine Seile gewissenhaft an dem Wili-wili-Baum. Dann nimm die Steinaxt und schlage auf den Körper der Sonne ein.«

Maui grub ein Loch unter den Wurzeln des Baumes und verbarg sich. Bald kam der erste Strahl der Sonne – ihr erstes Bein – über dem Berg zum Vorschein. Maui warf sein Seil und fing es ein. Ein Bein nach dem anderen erschien hinter der Kante des Kraters und wurde von Maui gefesselt. Bloß eines hing noch an der Bergkuppe herab. Die Sonne schüttelte sich und zitterte, sie wand sich heftig bei ihrem Versuch aufzugehen. Schließlich kroch sie über die Kante und wurde von Maui mit jenem Seil gefangen, das er von der Großmutter erhalten hatte.

Als die Sonne sah, dass ihre sechzehn langen Beine mit Seilen festgebunden waren, trachtete sie danach, zurück ins Meer zu tauchen. Da knüpfte Maui die Seile fester an den Baum, und er zog und zerrte, bis der Körper der Sonne wieder emporkam. Mit seiner Axt hieb er auf die Sonne ein. Verwundet schrie sie: »Schenke mir mein Leben!«

Maui sagte: »Wenn ich dich am Leben lasse, erweist du dich womöglich als Verräter. Besser töte ich dich.« Doch die Sonne bat erneut um ihr Leben. Nachdem sie eine Weile verhandelt hatten, vereinbarten sie, dass sich die Sonne in Zukunft anständig bewegen würde. Es sollte längere Tage geben – wobei sie im Winter schneller gehen durfte, im Sommer aber langsamer dahinziehen musste. Dies sollte von den Menschen gepriesen werden, die auf der Erde lebten.

Als Maui von seiner Auseinandersetzung mit der Sonne zurückkehrte, suchte er nach Moe-moe, jenem Mann, der ihn lächerlich gemacht hatte. Maui jagte ihn von einer Seite der Insel auf die andere und stellte ihn in der Gegend der Stadt Lahaina. Dort, an der Küste nahe dem großen Felsen, wo er den Himmel gehoben hatte, erwischte er ihn. Im Laufe des Kampfes entfernten sie sich von der Küste, bis Maui den Mann erschlug und dessen Körper in einen langen Felsen verwandelte, der sich bis zum heutigen Tag an der Straße nach Black Rock befindet.

Der trickreiche Fischer Maui

Maui war ein miserabler Fischer. In diesem Metier waren ihm seine Brüder bei weitem überlegen. Sie fertigten Angelhaken aus Perlmutt oder Knochen, die sie den Skeletten verstorbener Fischer entnahmen, die zu Lebzeiten besonders erfolgreich gewesen waren. Auch die Knochen von Personen adeliger Abstammung versprachen einen guten Fang. Gewissenhaft wurde der Haken mit dem geflochtenen Seil verknüpft. Lange und fest waren die Angelschnüre, die aus der *Olona*-Faser hergestellt wurden, um die größten Fische aus der Tiefe des Ozeans zu holen. Es waren die besten, die sich auf den Hawaii-Inseln finden ließen. Allzu leicht konnte ein Haken beim Kampf mit einem Fisch verloren gehen. Daher war es notwendig, die Leine stets gespannt zu halten und kontinuierlich daran zu ziehen, um den Fisch in das Kanu zu befördern.

Oftmals lachten Mauis Brüder über dessen bescheidene Ausbeute. Dafür revanchierte sich Maui mit üblen Tricks.

»Gib Acht! Deine Leine ist nicht gespannt«, warnte Maui einen seiner Brüder, während ein anderer weiterpaddelte. »Wir haben beide einen großen Fisch gefangen.« Er zog an seiner Leine, und bald waren die Schnüre durch Mauis Manipulation überkreuzt. So schnell er konnte, holte Maui seine eigene Leine ein. Die Fischer feuerten einander an, denn ein großer Fisch hatte angebissen. Maui ersuchte seinen Bruder, die Leine einen

26

Moment zu lockern. Indessen vertauschte er die Angelschnüre und jammerte: »Dein Fisch ist dir entwischt. Warum hast du nicht gleichmäßiger gezogen? Es war ein schöner Fisch! Jetzt ist er entkommen.« Maui holte die Leine ein und hielt den Fang hoch, der eigentlich vom Haken seines Bruders stammte. Skeptisch gratulierten ihm seine Brüder, als er den Fisch in das Kanu hievte. Maui war eben schlauer als sie. Obwohl ihre Eltern göttlicher Abstammung waren, war bloß Maui mit übernatürlichen Fähigkeiten ausgestattet.

Dennoch durchschauten Mauis Brüder allmählich seine Tricks. Sie weigerten sich, ihn in ihrem Kanu mitzunehmen, wenn sie zu den Fischgründen hinauspaddelten. Darüber war Maui sehr erbost und grübelte, wie er dies seinen Brüdern heimzahlen könnte. Ich werde mir aus dem Reich der Unterwelt einen magischen Angelhaken holen, überlegte Maui, und damit meine Brüder beim Fischen überlisten. Dann werden sie erkennen, dass ich der bessere Fischer bin.

Die Olona-Fasern seiner Angelschnur wuchsen noch an ihrem Stamm, als Maui sie bereits miteinander verflocht.

Diese Schnur ist bei weitem fester als eure, dachte er, und sie taugt für die größten Fische.

Sobald Maui den Haken und die Schnur fertig gestellt hatte, bat er seine Brüder, sie beim Fischen begleiten zu dürfen. Als sie vom Strand ablegten, sprang er in deren Kanu. »Unser Boot ist zu klein für dich.« Verärgert warfen sie ihn aus dem Kanu, sodass Maui ans Ufer zurückschwimmen musste.

Von ihrem Fang brachten sie bloß einen kleinen Hai zurück. »Wäre ich dabei gewesen«, prahlte Maui, »hättet ihr bessere Fische an euren Angelhaken vorgefunden, zum Beispiel einen *Ulua* oder vielleicht sogar Pimoe selbst.« Das waren freilich große Worte: War der halbgöttliche Pimoe doch ein *Kupua*-Fisch, ein Bruder der *Alae*-Hennen.

Auch an den folgenden Tagen war ihre Ausbeute recht bescheiden. Maui spottete, bis ihm seine Brüder irgendwann wieder einen Platz in ihrem Kanu gewährten. Kaum hatten sie die Fischgründe erreicht, warf Maui seinen magischen Angelhaken aus, den er aus der Unterwelt geholt hatte. Dabei sprach er die Beschwörung: »Werfe ich meinen Haken mit göttlicher Kraft, wird sich darin ein großer Fisch verfangen.« Die Brüder wussten nicht, was sie von diesen Worten halten sollten, sondern verdächtigten Maui, dass dies wieder einer seiner Tricks sei.

Mit einem Mal begann der Grund des Meeres zu zittern. Es schien, als hätte ein riesiger Fisch an Mauis Angelhaken angebissen. Bis zum Zerreißen war die Angelschnur gespannt und gewaltige Wellen trugen das Kanu der Brüder weit hinaus auf die offene See. Zwei Tage lang wurde das Kanu umhergezogen. Bis zur Erschöpfung hielten die Männer die Leine fest, um sie Zentimeter für Zentimeter in ihr Kanu zu holen. »Strengt euch an, wir dürfen nicht so knapp vor dem Ziel aufgeben!« Maui munterte seine Brüder auf durchzuhalten. Denn an seinem magischen Angelhaken hing ein Stück Land. Inzwischen ragte es bereits ein wenig aus dem Wasser empor. »Blickt keinesfalls zurück, sonst ist unser Fang verloren.« Aus dem Grund des Meeres hatte Maui die Hawaii-Inseln gefischt.

Seine Brüder zogen mit aller Kraft an der Angelschnur, hatten die Landmasse ziemlich nahe an ihr Kanu gezogen und hofften, den Fang in das Kanu zu befördern. Einer der Brüder konnte seine Neugierde nicht länger zügeln und drehte sich um. Im selben Moment riss die Leine mit einem lauten Knall und das Land zerbrach in acht Teile. – Deshalb besteht Hawaii bis zum heutigen Tag aus acht Inseln.

Maui findet Feuer

Die Fischvorräte von Mauis Mutter Hina gingen zur Neige. »Ihr solltet auf das Meer hinausfahren und eure Angeln auslegen.« Maui und seine Brüder warteten, bis sich die Sturmwellen beruhigt hatten, dann paddelten sie in der Dunkelheit des anbrechenden Morgens zu Ertrag versprechenden Fischgründen. Sie waren bereits eine beträchtliche Strecke vom Ufer entfernt, als Maui Rauch aufsteigen sah.

»Am Ufer brennt ein Feuer«, sagte er, »wessen Feuer mag das sein?«

»Wir sollten zurückkehren und unsere Fische auf diesem Feuer kochen«, schlug einer von Mauis Brüdern vor.

»Solange wir keinen einzigen Fisch gefangen haben, können wir nichts kochen«, ätzte Maui. Dies leuchtete seinen Brüdern ein. Also entschieden sie, erst einige Fische zu fangen, »bevor die heiße Sonne die Fische in unerreichbare Tiefen vertreibt«. Sobald ihr Kanu mit reicher Beute gefüllt war, paddelten sie zurück ans Ufer. Flink sprang Maui aus dem Boot und rannte den Berg hinauf, um seinen Brüdern das Feuer zu bringen.

Nachdem der Vulkan Haleakala aufgehört hatte, heiße Lava zu spucken, hatten die Menschen allmählich verlernt, mit Feuer umzugehen. Sie waren zwar mit dem Feuer vertraut, konnten es aber nicht selbst entfachen. Irgendwann waren die Reste ihrer Holzkohle erloschen, sodass sie gezwungen waren, Früchte und Wurzeln, Muscheln und Fische ungekocht zu essen. Deshalb hofften sie, eines Tages erneut Feuer zu finden, um ihre Speisen wieder kochen zu können.

Als Maui der Rauchsäule entgegenlief, beobachtete er ein paar Aschenhühner, wie sie mit ihren Flügeln flatterten und mit ihren Krallen die Glut eines Feuers löschten. Bevor Maui jene Stelle erreicht hatte, flogen sie davon. Kein Funke war mehr in der Asche.

Tagelang suchten Maui und seine Brüder nach dem Feuer, doch die ringelschwänzigen *Alae*-Vögel vermieden es, ein Feuer zu entfachen, wenn sie Maui und seine Brüder in der Nähe wussten. Paddelten die Fischer allerdings hinaus auf das Meer, erblickten sie am Ufer Flammen und Rauch. Einige Male wiederholte sich dieses Spiel.

»Wir werden die Alae-Vögel überlisten«, erklärte Maui seinen Brüdern. »Ihr paddelt hinaus auf das Meer, während ich am Ufer bleibe und mich den Vögeln nähern werde.«

Indes zählten die Aschenhühner genau die Anzahl der Fischer. »Drei sind in dem Kanu, der vierte verbirgt sich vermutlich irgendwo, um uns aufzulauern. Deshalb machen wir heute kein Feuer«, entschieden sie. Immer, wenn einer der Brüder am Strand zurückblieb, wurde kein Feuer entzündet. Waren hingegen alle vier Brüder in dem Boot, entfachten die Aschenhühner ihr Feuer.

Maui griff zu einer List: Aus einigen *Kapa*-Kleidern formte er eine menschliche Gestalt. Während seine Brüder hinausruderten, um zu fischen, verbarg sich Maui hinter einem Gebüsch. Die Aschenhennen zählten die Männer in dem Kanu. »Sie sind alle hinausgefahren, wir können unser Feuer entzünden«, meldete einer der Vögel.

Sobald das Feuer brannte, sprang Maui aus seinem Versteck und erfasste den Anführer der Aschenhennen. »Ich werde dich töten, wenn du mir nicht das Geheimnis des Feuermachens verrätst.«

»Solltest du mich töten«, krähte der Vogel, »wird mein Geheimnis mit mir ausgelöscht und du wirst niemals erfahren, wie man Feuer entfacht.«

Dieses Argument hielt Maui davon ab, der Aschenhenne sogleich den Hals umzudrehen. »Ich schenke dir dein Leben«, versprach Maui, »unter einer Bedingung – dass du mich mit der Kunst des Feuermachens vertraut machst.«

Ohne lange zu überlegen, nahm die Aschenhenne Mauis Angebot an. »Du musst die Stängel zweier *Taro*-Pflanzen aneinander reiben.« Maui befolgte diese Anweisung, jedoch statt Funken tropfte Wasser aus den Stängeln.

»Du hältst mich wohl beim Narren!« Maui drückte den Hals des Vogels fester. »Ich werde dir alles offenbaren«, japste der Vogel und behauptete, das Feuer liege in den Schilfrohren verborgen. »Du musst nur fest genug reiben.«

Jedoch das Schilfrohr zerbrach, ohne einen einzigen Funken hergegeben zu haben. Maui drehte den Hals des Vogel enger. Um sein Leben zu retten, krächzte der Vogel: »Ich habe das Feuer in einem trockenen Stück Holz versteckt.«

Maui mühte sich neuerlich, indem er das Holz aneinander rieb. Dennoch gelang es ihm nicht, Feuer zu machen. »Nun hast du dein Leben verwirkt. Ich lasse mich nicht weiter von dir zum Narren halten!« Obwohl Maui die Stöcke heftig gegeneinander rieb, wurden sie bloß ein wenig warm. Maui wurde immer zorniger und war entschlossen, die Aschenhenne zu töten. »Du musst Geduld haben, bis Rauch emporkräuselt«, würgte die Henne mit letzter Kraft hervor.

Ein letztes Mal versuchte es Maui. Als die Flammen schließlich emporwuchsen, sagte er: »Da gibt es noch etwas, was man reiben kann.« Er nahm einen glühenden Scheit und polierte damit den Kopf seines Gefangenen. Dessen Federn fielen ihm aus und das nackte Fleisch trat hervor. – Seither haben die hawaiischen Aschenhennen und ihre Nachkommen kahle Köpfe, hingegen kennen die Hawaiianer das Geheimnis des Feuermachens.

Der achtäugige Pea-pea entführt Mauis Frau

Pea-pea besaß acht Augen und acht Arme und hatte das Aussehen einer Fledermaus. Er konnte fliegen und war wegen seiner acht Augen und seiner acht Arme überaus gefürchtet. Pea-pea herrschte über eine Insel fern von Hawaii.

Maui war mit anderen Dingen beschäftigt, als er entdeckte, dass der achtäugige Pea-pea seine Frau entführt hatte. Obwohl Maui die Verfolgung sogleich aufnahm, entkam Pea-pea mit Mauis Frau über das Meer.

Maui war wütend und sann auf Rache. Er überlegte, wie er seine Frau aus der Gewalt von Pea-pea befreien könnte. »Du musst Geduld walten lassen und den weisen Zauberer Kuolo-kele aufsuchen, um dessen Rat einzuholen«, sagte Mauis Großmutter und wies Maui den Weg zu dem alten Mann.

Sogleich lief Maui in die angegebene Richtung. Kuolo-kele war bucklig und von kleinem Wuchs. »Bist du Kuolo-kele?«, fragte Maui. »Meine Großmutter hat mich zu dir geschickt.«

»Ich bin Kuolo-kele, aber wie du siehst, bin ich bucklig und mein Buckel bereitet mir Kummer. Du bist jung und gesund, vielleicht kannst du mir helfen, meinen Rücken gerade zu biegen.« Mit einem runden Stein schlug Maui so lange auf Kuolo-keles gekrümmten Rücken, bis seine Wirbelsäule wieder gerade war. »Danke«, sagte Kuolo-kele, »du hast mir einen großen Dienst erwiesen.« Höchst erfreut stemmte er einen Stein hoch und schleuderte ihn weit von sich, um zu demonstrieren, dass er wieder genesen war. Noch heute liegt jener Stein dort, wo ihn Kuolo-kele hingeworfen hat.

»Für deine Hilfe werde ich mich erkenntlich zeigen. Ich weiß um dein Problem und werde dich beraten, wie du vorzugehen hast, um deine Frau aus der Gewalt des achtäugigen Pea-pea zu befreien. Du musst allerdings meinen Anweisungen Folge leisten.« Kuolo-kele beauftragte Maui, Vögel zu fangen, *Ti*-Blätter zu sammeln, in die üblicherweise Lebensmittel verpackt wurden, sowie Zweige der *Ie-ie*-Pflanze abzuschneiden, woraus die Hawaiianer Körbe flochten. »Bringe genügend dieser Federn und Blätter und Zweige in mein Haus«, sagte Kuolo-kele, »sodann gehe nach Hause und kehre in drei Tagen wieder.« Maui war unwirsch wegen der langen Vorbereitungszeit, doch Kuolo-kele forderte Geduld.

Gewissenhaft machte sich Maui an die Arbeit, schnitt biegsame Ie-ie-Äste ab, pflückte Ti-Blätter und stellte Fallen für die Vögel auf. Er gönnte sich keine Ruhe, um möglichst wenig Zeit zu verlieren. Der Gedanke, dass sich seine Frau in der Gewalt von Pea-pea befand, spornte ihn an.

Sobald Maui die geforderten Dinge beisammen hatte, übergab er sie Kuolo-kele. Aus den Ti-Blättern formte Kuolo-kele den Körper eines ansehnlichen Vogels, den er mit den Federn verkleidete. Zusammengehalten wurde die Konstruktion durch die Äste des Ie-ie-Strauchs. Dafür benötigte Kuolo-kele einen Tag. Am zweiten Tag unternahm er einen Probeflug und stattete den Vogel mit Proviant für eine längere Reise aus.

Am dritten Tag fand Maui den wunderbaren Vogelkörper bereit zum Abflug. Als Maui in den Vogel kroch, sagte Kuolo-kele: »Hast du Pea-peas Insel erreicht, suche nach einem Dorf, das ausgestorben scheint, da nirgendwo Menschen zu erkennen sind. Wende deinen Blick in Richtung des Strandes. Dort wirst du viele Leute entdecken, darunter deine Frau und den achtäugigen Pea-pea. Komme ihnen jedoch nicht zu nahe, sondern fliege hinaus auf das Meer. Verwundert werden dir die Menschen nachrufen: ›Welch merkwürdiger Vogel!‹ Pea-pea hingegen wird erklären: ›Das ist mein Vogel, er unterliegt allein meinem Gesetz, niemand darf sich ihm nähern oder ihn berühren.‹ Dies ist der Zeitpunkt, an dem du vom Meer zu den Leuten zurückkehren kannst.«

Maui spannte die Ie-ie-Seile fest an die Flügel und erhob sich in die Lüfte. Zwei Tage dauerte sein Flug, dann hatte er die merkwürdige Insel erreicht. Grüne Täler erstreckten sich zum Ufer des Meeres, dazwischen lagen Hügel und Bergkuppen. Es schien ein paradiesisches Land zu sein. Maui flog eine Runde um die Insel und lenkte seinen Vogel dann über das Zentrum, als er ein Dorf erspähte, wo scheinbar keine Menschen lebten. Alle Bewohner tummelten sich am Strand. An der Seite von Pea-pea entdeckte er seine Frau. Doch Maui kümmerte sich nicht darum, sondern glitt hinaus auf das Meer. Wie ein Seevogel ließ er sich auf der Wasseroberfläche nieder, um ein wenig zu rasten. Als er sich wieder in den Himmel erhob, ertönte Pea-peas Befehl: »Das ist mein Vogel. Er unterliegt meinem Gesetz, niemand darf sich ihm nähern oder ihn berühren!«

Als Maui die Worte Pea-peas hörte, landete er mit seinem Vogel auf dem Strand. Im nächsten Augenblick wurde er gefangen genommen und in eine Kiste gesperrt. Pea-peas Diener trugen die Kiste in das Dorf, stellten sie in Pea-peas Schlafzimmer ab und gingen sodann heim in ihre Hütten.

Pea-pea ging mit Mauis Frau zu Bett. Geduldig wartete Maui darauf, dass Pea-pea einschlafen würde. Eines von Pea-peas Augen war bereits geschlossen, doch die sieben anderen standen noch offen. Maui schien, als würde die Zeit stillstehen. Die Müdigkeit quälte ihn dermaßen, dass er nach seinem *Awa*-Vorrat griff, um sich wach zu halten. Inzwischen waren vier Augen von Pea-pea geschlossen, aber die restlichen waren nach wie vor geöffnet. Maui nahm einen weiteren Schluck Awa, denn die Nacht war nahezu vorüber und allmählich machte sich die Morgendämmerung bemerkbar. Noch immer war Pea-pea nicht völlig eingeschlafen.

In seiner Verzweiflung erbat Maui den Beistand seiner göttlichen Mutter Hina: »Lass es noch ein wenig dunkel bleiben!« Hina erhörte die Bitte ihres Sohnes und verdunkelte den Morgen. Pea-pea schloss sein siebentes Auge. Bald blinzelte auch das achte müde und schlief ebenfalls ein.

Sogleich stürzte sich Maui auf Pea-pea und tötete ihn. Die acht Arme verknotete er zu einem Knäuel, saugte dann Pea-peas acht Augen aus, die er mit dem verbliebenen Rest Awa mischte und trank. Seiner Frau befahl Maui, mit ihm in den Vogel zu kriechen, und gemeinsam flogen sie zurück nach Hawaii.

Maui erfindet das Drachenfliegen

Pakaa hatte von seiner Mutter eine Kalebasse geerbt, in der sich die Knochen seines Großvaters befanden. Seine Mutter hatte alle Winde der Hawaii-Inseln kontrolliert und nun vermachte sie ihrem Sohn das Gefäß. »Wenn du den Deckel hebst und den Namen eines Windes nennst, bläst jener Wind, den du entkommen lässt, denn die Winde sind in dieser Kalebasse eingesperrt. Je weiter du den Deckel öffnest, desto heftiger bläst der Wind.«

Maui war mit Pakaa befreundet und wusste daher, dass Pakaa oftmals mit den Segeln der Kanus spielte. In seinem Übermut wollte er Pakaa provozieren. »Ein Segel muss sich nicht unbedingt auf dem Meer bewegen, man könnte auch eines konstruieren, das über dem Land schwebt und dem Vergnügen dient«, überlegte Maui. Also drehte er eine lange Schnur aus den starken Fasern der *Olona*-Pflanze, aus der Fischnetze und Körbe hergestellt wurden, und fertigte ein Segel aus *Kapa*-Stoff. Sodann verband er Schnur und Segel. Langsam erhob sich der Drachen in den Himmel empor, um sogleich wieder zu Boden zu stürzen.

Maui war verärgert und fluchte lautstark gegen Pakaa. Seine Worte waren nicht zu überhören, sodass Pakaa den Deckel seiner Kalabasse ein wenig weiter hob. Ein gewaltiger Sturm blies mit einem Mal über die Inseln. Der Drachen schnellte in die Höhe und riss Maui mit sich hinauf. Maui klammerte sich heftigst an das Seil, da er den Boden unter seinen Füßen verloren hatte. Er machte sich schwer, zog mit aller Kraft an dem Seil und genoss es, mit den Winden einen Wettstreit auszutragen.

Aber noch immer war Maui nicht zufrieden und forderte Pakaa weiter heraus: »Du bist schwach, deine Winde sind zu lahm für mich.« Wütend riss Pakaa den Deckel von seiner Kalebasse: »Du wirst mich niemals mehr verspotten!«

Ein Sturm zerrte den Drachen höher und höher. »Wir werden unsere Kräfte aneinander messen. Meinen Drachen zu zerreißen, wird dir nicht gelingen«, höhnte Maui. Obwohl der Kapastoff bis zum Äußersten gespannt war, hielt Mauis Drachen dem Druck stand. Maui umklammerte das Seil, als eine gewaltige Böe ihn in die Lüfte erhob und ihn weit über den Krater des Vulkans Haleakala trug. Unsanft landete er auf der anderen Seite der Insel.

»Schließen wir Frieden miteinander«, sagte Maui zu Pakaa. »Du lässt meinen Drachen fliegen, und ich werde dich niemals mehr herausfordern.« Pakaa akzeptierte dieses Angebot.

Gern bediente sich Maui seines Drachens, wenn er von einer Insel zur anderen reiste. Oder er vergnügte sich einfach damit, den Drachen in der Luft tanzen zu lassen. Seine Landsleute wussten: Wenn Mauis Drachen sich erhob, gab es trockenes Wetter und sie konnten ihre Arbeiten ohne Furcht vor Regen erledigen.

Derart hatte Maui sowohl ein Spielzeug für langweilige Tage erfunden als auch ein Transportmittel, das ihn weite Entfernungen schnell überwinden ließ.

Hina und ihr gescheiterter Liebhaber Kuna

Zwei Flüsse auf den hawaiischen Inseln tragen den Namen Wailuku. Einer befindet sich auf der Insel Maui, der andere auf der großen Hawaii-Insel. Von diesem soll in dieser Geschichte die Rede sein. Ehe der Wailuku sein Wasser mit dem Meer vermischt, durchquert er enge Schluchten und stürzt sich mehrmals über steile Abhänge. In einer Höhle, über deren Eingang ein Wasserfall nebelige Schleier breitete, lebte Mauis Mutter Hina.

Etwas oberhalb von Hinas Höhle wohnte der Drache Kuna. Auf vielerlei Arten hatte Kuna versucht, Hinas Gunst zu erobern, doch stets war er zurückgewiesen worden, sodass seine Zuneigung sich allmählich in Hass verwandelte. Aus Rache schikanierte er Hina, wo er nur konnte. Er warf Baumstämme in den Fluss, staute das Wasser oder verunreinigte es mit Schlamm, um Hina aus ihrer Behausung zu locken.

Wiewohl Hina sich über Kunas Bosheiten ärgerte, fühlte sie sich davon nicht bedroht. Selbst die Steine, die Kuna gegen ihre Höhle warf, prallten wirkungslos ab.

Kuna überlegte, wie er Hina Schaden zufügen könne. Er mobilisierte seine magischen Kräfte, um einen riesigen Felsbrocken vor Hinas Höhle in den Fluss zu hieven, damit das Wasser des Flusses sich unterhalb aufstaue und in das Innere eindringe.

Allmählich stieg das Wasser des Flusses höher und breitete sich nach und nach auch auf dem Boden von Hinas Höhle aus.

Immer mehr Wasser floss hinein und der Pegel stieg permanent an. Hina besaß keine Möglichkeit, irgendwohin zu entkommen. Dies wusste Kuna und hatte sich deshalb vor dem Eingang auf die Lauer gelegt. Geduldig wartete er auf den Augenblick seiner Rache. Hina hatte geschlafen, jedoch die Gefahr hatte sie aufgeweckt. Inzwischen stand das Wasser hüfthoch.

In ihrer Not rief Hina nach Mauis Hilfe. Ihre Stimme drang aus der Höhle und überquerte das Meer. Sobald Maui Hinas Hilferufe hörte, sprang er in sein Kanu. Mit ein paar mächtigen Schlägen seines Paddels erreichte er die Mündung des Wailuku, schneller als alle Winde ihn tragen konnten. Sein Kanu ließ er am Strand liegen, wo es noch immer liegt.

Er sauste das trockene Flussbett hinauf und schlug mit seiner magischen Keule gegen den Felsblock, denn in Hinas Höhle stand das Wasser bereits bedrohlich hoch. Sollte Maui die Fluten nicht schleunigst bändigen, würde Hina ertrinken. Unablässig hieb Maui auf den Felsen ein, bis er eine Bresche geschlagen hatte und das Wasser sich wieder in sein gewohntes Flussbett ergießen konnte.

Um Maui nicht zu begegnen, war Kuna inzwischen geflohen. »So leicht entkommst du mir nicht. Du wolltest meine Mutter Hina töten, dafür sollst du büßen.« Maui verfolgte Kuna und entdeckte ihn, wie er sich an einer tiefen Stelle des Wailuku versteckte. Mit seiner göttlichen Kraft schleuderte er den magischen Speer nach dem Drachen Kuna, sodass ein tiefes Loch entstand, aus dem jegliches Wasser entwich. Diese Stelle wird von den Hawaiianern »die Brücke über den Wailuku« genannt.

Maui jagte Kuna von einem Versteck ins andere. Als Kuna sich in einem Stausee des Flusses sicher glaubte, warf Maui so lange glühende Steine in das Wasser, bis es verdampfte. Seine harte Haut schützte den Drachen Kuna keineswegs. Von Schmerzen gepeinigt, sprang er aus dem See und floh flussabwärts. Zwar kochte das Wasser des Sees nicht mehr, doch hat es niemals mehr seinen aufgewühlten und schäumenden Strudel verloren, den Mauis glühende Steine verursacht hatten. Nach wie vor werden die Seen des Wailuku »Kochtöpfe« genannt.

Als Kuna kein Fluchtweg mehr offen stand, stellte er sich dem Zweikampf. Maui drängte den Drachen an den Abgrund. Kunas Körper wurde vom Wasserfall erfasst und in die Tiefe gerissen. Seinen toten Körper spülte die Flut des Flusses talwärts.

Hinas Töchter

Mauis Mutter Hina hatte mehrere Töchter und jeder hatte sie einen Teil ihrer göttlichen Kräfte vererbt: Hina-Keahi besaß Macht über das Feuer, während Hina-Kulu-ua die Göttin der Winde und Stürme war.

Jeder Tochter schenkte Hina einen Hügel für sich und ihre Angehörigen. Da alle Hügel gleichermaßen fruchtbar waren, hatten alle genügend zu essen. Lange Zeit fanden sie mühelos ihr Auslangen. Bis irgendwann der Regen ausblieb, sodass die Felder verdorrten, Bananen und Süßkartoffeln verkümmerten, die Früchte der Bäume vertrockneten. Die Menschen hungerten und waren dem Tod nahe.

Hina-Keahi sorgte sich um ihre Untertanen und trachtete mit allen Mitteln danach, deren Hunger zu stillen. Indes scheiterten ihre Bemühungen, sie mit Nahrung zu versorgen, an der anhaltenden Trockenheit. Schließlich beauftragte sie ihre ausgehungerten Leute, Holz zu sammeln. Im Bett des ausgetrockneten Flusses lag genügend Schwemmholz umher und auch in den Wäldern fand sich reichlich. Nach etlichen Tagen hatten sie jene Menge zusammengetragen, die Hina-Keahi gewünscht hatte.

Nun befahl Hina-Keahi ihren Leuten, einen Erdofen auszugraben. »Welches Fest wollen wir feiern?«, fragten die Männer verwundert. »Wir haben nichts, was wir braten können.« Hina-Keahi antwortete nicht, sondern gab ihre Anweisungen.

Das Holz wurde in das Loch geworfen und ein Feuer entzündet. Sobald die Steine heiß waren, sagte Hina-Keahi: »Bereitet alles vor wie gewöhnlich.« Eine Stelle im Erdofen wurde für Süßkartoffeln bestimmt, eine andere für *Taro*, eine weitere für Schweine und schließlich noch eine für Hunde. Alle notwendigen Vorbereitungen wurden durchgeführt, die Speisen zu kochen, aber kein Essen wurde auf die Steine gelegt.

»Lasst noch Platz im Erdofen für ein Menschenopfer«, forderte Hina-Keahi, denn aus jedem Erdofen wurde ein Teil den Göttern dargeboten. Hina-Keahis Leute gehorchten, blickten einander jedoch argwöhnisch und ängstlich an, da sie nicht wussten, wen von ihnen das Los treffen würde, geopfert zu werden.

»Habt keine Angst, dieser Erdofen ist mein Erdofen. Ich werde mich auf die heißen Steine betten und schlafen. Bedeckt meinen Körper ordentlich mit Erde, sonst werde ich umkommen. Eine Frau wird an der Seite des Erdofens ausharren. Wartet drei Tage lang und gehorcht ihrem Willen.«

Hina-Keahis Augen glänzten, als sie sich auf die glühenden Steine legte. Sogleich breiteten die Männer Matten über Hina-Keahi und warfen Erde in den Ofen, bis ihr Körper vollständig bedeckt und aller Rauch erstickt war. Bloß eine winzige Rauchwolke verharrte über dem Erdofen.

Ungeduldig warteten die Menschen, was sich in den nächsten drei Tagen ereignen würde. »Die Hitze kann Hina-Keahi nicht verletzen«, trösteten sie einander, »denn als Göttin beherrscht Hina-Keahi das Feuer.« Am ersten Tag erschütterte ein Erdbeben die Gegend. »Von den glühenden Steinen des Erdofens hat Hina-Keahi die Pfade zur Welt der Geister beschritten«, vermuteten die Leute. Am zweiten Tag drang ein unterirdischer See an die Oberfläche und bewässerte die dürren Felder. Eine mächtige Welle schwappte am dritten Tag über das Land, doch war das Wasser keineswegs salzig. »Hina-Keahi wäscht die Spuren ihrer Reise von sich«, sagten die Untertanen der Göttin.

Mit einem Mal stand eine Frau neben dem Erdofen und befahl den Männern, die Erde und die Matten wegzuräumen. Sobald sie diese Arbeit vollendet hatten, fanden sie in dem Erdofen all jene Nahrungsmittel, die Hina-Keahi genannt hatte, sodass sie sich sättigen konnten und die Hungersnot ein Ende hatte.

Dies blieb auch Hina-Kulu-ua, der Schwester von Hina-Keahi, nicht verborgen. Hina-Kulu-ua, die Göttin des Regens, war eifersüchtig auf ihre Schwester Hina-Keahi und wollte es ihr gleichmachen. Das Vorbild ihrer Schwester vor Augen, befahl sie, einen Erdofen vorzubereiten. Geblendet von Eifersucht, vergaß sie, dass Wasser und Feuer nicht miteinander auskommen.

Der Erdofen war ausgehoben worden, man hatte Steine und Holz gesammelt, als Hina-Kulu-ua exakt die gleichen Anordnungen wie ihre Schwester gab. In dem Erdofen wurde je ein Platz für Kartoffeln und Taro bestimmt, ebenso für Schweine und Hunde.

»Du überschreitest deine Kompetenzen«, warnten die Priester Hina-Kulu-ua, jedoch ihre Verblendung machte sie blind und taub. Alle Versuche, sie von ihrem Vorhaben abzuhalten, blieben erfolglos.

Als der Erdofen gut geheizt war, wurden die üblichen Beschwörungen gesprochen. Sodann legte sich Hina-Kulu-ua auf die erhitzten Steine, Matten wurden über sie gebreitet und der Ofen mit Erde zugeschüttet. Drei Tage warteten Hina-Kulu-uas Untertanen auf ein Zeichen, jedoch nichts geschah. Schließlich öffneten sie voll Erwartung den Erdofen, fanden aber bloß die Asche von Hina-Kulu-ua. Ihr Körper war zwar zugrunde gegangen, aber ihr Geist war aus dem Ofen entkommen und erschien mitunter als Regenwolke über den Gipfeln der Berge.

Pele, die Göttin des Feuers

Peles Reise nach Hawaii

Pele lebte mit ihrer Familie auf *Kahiki*. Sie war eine sehr attraktive Frau, hielt ihren Rücken aufrecht wie ein emporragender Felsen und ihre Brüste waren rund wie der Vollmond. Allerdings war sie überaus rastlos, denn ihre Sehnsucht galt der Ferne. All ihre Gedanken waren erfüllt von dem Verlangen, in ein unbekanntes Land aufzubrechen. Immer unerträglicher wurde ihr Wunsch und ließ sie keine Ruhe mehr finden. Schließlich bat sie ihren Vater Wakea, er möge ihr gestatten fortzureisen. Peles Vater gab seine Einwilligung, jedoch konnte die Reise vorerst noch nicht beginnen. »Vergiss nicht, du trägst die Verantwortung für deine kleine Schwester, die sich noch in ihrem Ei befindet«, sagte ihr Vater. »Deine Ei-Schwester ist äußerst verletzlich. Sobald sie geschlüpft ist, darfst du fahren.«

Sanft drückte Pele das Ei an ihren Busen, um es durch die Wärme ihres Körpers am Leben zu erhalten und zum Wachsen anzuregen. »Ich werde das Ei so lange an mir tragen, bis meine Schwester daraus hervorgeschlüpft ist.« Ihre Mutter Haumea, selbst eine Göttin der Fruchtbarkeit, war damit zufrieden. Haumea hatte Pele aus ihrem Oberschenkel geboren, andere Kinder aus ihrem Kopf, aus ihrem Mund, ihren Augen und ihren Brüsten.

Nach einiger Zeit entwickelte sich aus dem Ei ein hübsches Mädchen, das den Namen Hii-aka-i-ka-poli-o-Pele erhielt – Hiiaka aus dem Busen von Pele. Sie war die Jüngste der Pele-Familie.

Fürsorglich kümmerte sich Pele um ihre kleine Schwester. »Nun kannst du deine Reise antreten.« Der Vater schickte Pele zu ihrem ältesten Bruder, Ka-moho-alii, dem Gott der Haie und des Meeres. »Ich werde dir helfen«, versprach Ka-moho-alii. »Du benötigst ein seetaugliches Kanu mit geflochtenen Segeln, hinlänglich groß, um dich und deine Begleiter sowie genügend Proviant aufzunehmen.« Er versorgte das Schiff – zwei stabile Kanus, die durch eine Plattform und eine Holzhütte miteinander verbunden waren – mit ausreichend Vorrat an Nahrung für die weite Reise.

Während er dies vorbereitete, fragte er Pele, wohin sie segeln wolle. »Ich fahre nach Bora-bora, nach Kuai-he-lani, nach Kane-huna-moku, dann nach Moku-mana-mana, um dort die Königin zu treffen. Ihr Name ist Kaoahi und ihre Insel heißt Niihau.« Ka-moho-alii wunderte sich über die genauen Kenntnisse seiner Schwester.

Nachdem der Haigott das große Kanu ausgestattet hatte, ersuchte er seine Verwandten, auf das Schiff Obacht zu geben: Er bat den Wirbelwind, die Starke Strömung und die Bewegte See, seiner Schwester wohlwollend beizustehen.

Ihre Reise führte Pele zuerst nach Bora-bora auf den Gesellschaftsinseln, sodann gelangte sie zu den mysteriösen Ahneninseln, hielt ihren Kurs weiter nach Nordwest, bis sie Niihau erreichte, die nordwestlichste Insel der Hawaiigruppe.

Dort angelangt, beauftragte sie einige ihrer Männer, das Schiff zurück zu ihrem Bruder, dem Haigott, zu bringen, damit er ihr eines Tages aus dem Süden des Pazifischen Ozeans mit all den anderen Brüdern und Schwestern nach Hawaii folgen könne.

Pele wurde willkommen geheißen und der regierende Fürst veranstaltete ihr zu Ehren ein Fest, um sie ihrem Stande gemäß zu unterhalten. Dennoch langweilte sich Pele und plante ihre Abreise.

Nicht weit entfernt von Niihau liegt die Insel Kauai. Dorthin gelangte Pele mit einem kleinen Kanu. Die üppigen Gärten faszinierten sie. Viel mehr noch gefiel ihr der König Lohiau, in den sie sich heftig verliebte und mit dem sie so manche Nacht verbrachte. Einige Zeit lebten die beiden sodann als Paar zusammen. Pele hatte den festen Plan, sich für immer auf den hawaiischen Inseln anzusiedeln und keinesfalls mehr nach Kahiki zurückzukehren. Zuerst musste sie allerdings ihre Macht als Vulkangöttin etablieren. Sehnlichst wünschte sie sich, in einem Vulkankrater zu wohnen und über dessen Feuer zu herrschen.

Pele besaß einen magischen Spaten namens Paoa. Damit beabsichtigte sie, eine Unterkunft für sich und Lohiau zu errichten. Sobald sie ihn in die Erde stieß, entstand ein Feuerloch. An mehreren Stellen in den Ebenen von Kauai bediente sie sich der Kraft ihres Spatens, allerdings wurde das von ihr entfachte Feuer immer wieder vom Wasser gelöscht, denn ihre ältere Schwester, die Meeresgöttin Namaka-okahai, kämpfte mit allen Mitteln gegen sie. »Irgendwo werde ich meinen Platz finden und dich bezwingen«, drohte Pele. Die Feindschaft zwischen den beiden Schwestern bestand seit jener Zeit, da Pele sich auf eine Affäre mit dem Mann der Meeresgöttin eingelassen hatte. Eigentlich war dies, und weniger ihre Reiselust, der Grund gewesen, warum sie Kahiki verlassen hatte: Sie hatte dem Machtbereich ihrer Schwester entgehen, dies ihrem Vater aber nicht gestehen wollen. Namaka-okahai war Pele jedoch über das Meer gefolgt. »Ich werde mich von dir nicht unterkriegen lassen«, meinte Pele zu ihrer Schwester, wiewohl sich mitunter ein Hauch von Ratlosigkeit in ihre Gedanken schlich.

»Ich kann nicht bei dir bleiben«, sagte sie daher zu Lohiau, »bitte frage mich nicht, warum. Aber ich werde wiederkommen.« Sie weigerte sich, ihren Liebhaber zu heirateten, bevor sie nicht einen Ort gefunden hatte, wo sie sich dauerhaft niederlassen konnte. Also zog sie von einer Insel zur anderen, grub da und dort, fand jedoch nirgendwo Feuer.

Lange hatte Pele überlegt, bevor sie ihren Leuten den Befehl erteilte, zur größten der Hawaii-Inseln zu segeln. Nachdem sie an Land gegangen war, entdeckte sie bald den Berg Kilauea. Sogleich war Pele begeistert, der Anblick des Vulkans entzückte sie. »Hier werde ich mich niederlassen, mein gewaltiges Feuer errichten und meinen Geliebten an meine Seite holen.«

Argwöhnisch hatte Namaka-okahai alle Schritte Peles beobachtet. Noch war Peles Macht auf Hawaii nicht gefestigt. Namaka-okahai schickte Fluten und hohe Wellen, um Peles Einfluss zu mindern. Sie hasste Pele, wie sich nur Wasser und Feuer hassen können. »Niemals werde ich dir verzeihen«, sagte die Meeresgöttin. Sie war nicht bereit, Peles Liebesabenteuer mit ihrem Mann zu vergessen. Alle Häuser, die Namaka-okahai erreichen konnte, zerstörte sie mit ihren Fluten und bedrohte deren Einwohner. Namaka-okahai genoss diesen Triumph und heiratete den mächtigen Zauberer Aukele, der über den Himmel fliegen, durch das Meer schwimmen, aber auch flink auf der Erde laufen konnte.

Eines Tages erblickte Aukele Pele und ihre reizende junge Schwester Hiiaka. Leise näherte er sich den beiden. Besonders an Hiiaka fand er Gefallen und verliebte sich in sie. All seinen Charme setzte er ein, um Hiiaka zu verführen. »Ich will mit dir schlafen, aber du musst deine Frau Namaka-okahai dazu bewegen, von ihrem Zorn gegenüber Pele abzulassen«, forderte Hiiaka. In seiner Verliebtheit versprach Aukele, ihr diesen Wunsch zu erfüllen. Aukele gelang es jedoch nicht, seine Meeresgattin zu besänftigen, vielmehr war Namaka-okahai darüber verbittert, dass ihr Mann nun ein intimes Verhältnis mit Hiiaka pflegte.

Namaka-okahai begab sich zum höchsten Punkt aller mythischen Vorfahren, dem »erhobenen Balkon des Himmels«. Von hier aus konnte sie über alle Meere blicken. Sie sah vulkanische Feuer brennen sowie den Rauch, der zu den Wolken aufstieg. Pele hatte ihren Spaten tief in die Erde gebohrt und einen ansehnlichen Krater gegraben. Lava ergoss sich in Richtung des Meeres. Es schien, als hätte sie einen geeigneten Ort gefunden. Namaka-okahai tobte und schwor ewige Rache. Pele aber hatte ihre Stärke und ihr Selbstvertrauen wiedergewonnen.

Ai-laau, der Waldesser

Als Pele, die Göttin der Vulkane und des Feuers, Hawaii zu ihrer Heimat erkor, herrschte dort bereits ein anderer Feuergott. Ai-laau verschlang Bäume und Wälder, daher sein Name: »Ai« bezeichnet einen, der gerne isst, und »laau« ist das hawaiische Wort für Baum oder Wald.

Ai-laau war ein Gott von unstillbarem Hunger. Immer wieder verwüstete er den südlichen Teil der großen Hawaii-Insel, indem er Lava aus seinen Feuerlöchern und Spalten spuckte. Wenn er durch die Wälder kroch, begleitete ihn stets der Geruch von schwarzem Rauch, gelegentlich vermengt mit dem Gestank von verbranntem menschlichem Fleisch. Der Atem seiner Lava verwandelte Leben zu Asche.

Sobald Ai-laau seine männliche Macht ergoss, machte er sich auf den fruchtbaren Feldern breit und beanspruchte sein Recht. Wiewohl die Menschen Ai-laau fürchteten, gestaltete er mit seiner fließenden Lava zugleich neues Land.

Unbehelligt regierte Ai-laau jahrhundertelang in einem alten Teil des Vulkans Kilauea. Irgendwann trennte er den großen Krater durch einen schmalen Grat ab und schuf den Kilauea-iki, den »Kleinen Kilauea«. Doch gab er sich damit keineswegs zufrieden, brach vielmehr die Erde an unzähligen Stellen auf und bohrte Löcher in den Untergrund. Allmählich kroch er in Richtung des Meeres, sodass eine kilometerlange Kette aus Kratern entstand. Immer wieder spuckte er daraus Dampf und Rauch.

Eines Tages verlor Ai-laau das Interesse an seinen vulkanischen Löchern und übersiedelte in den großen Krater. Dort lebte er, als Pele nach ihrer weiten Reise Hawaii erreichte.

Nach ihrer Ankunft ließ sich Pele in der Gegend von Puna nieder, an der südlichen Spitze der Insel. Von dort unternahm sie zahlreiche Ausflüge und wanderte die Hänge des Kilauea empor, denn sie war begierig, die Umgebung zu erkunden. Plötzlich erfasste sie der heftige Wunsch, Ai-laau kennen zu lernen. Vielleicht ließe sich ein bequemes Plätzchen ausfindig machen, überlegte sie, um ein wenig miteinander zu plaudern.

Als Pele den Wohnsitz von Ai-laau betrat, war der Feuergott nicht daheim. Sie rief seinen Namen und suchte nach ihm. Vergeblich wartete sie auf seine Rückkehr – indes, Ai-laau blieb verschollen.

Schließlich erkannte sie, dass sich Ai-laau aus dem Staub gemacht hatte. Er war einfach abgehauen, sobald er bemerkt hatte, dass Pele sich seiner Behausung näherte. Unablässig hatte er ihre Aktivitäten beobachtet, hatte jeden ihrer Schritte belauert. Einer Begegnung wollte er um jeden Preis entgehen, lieber verzichtete er auf sein angestammtes Reich. In Panik hatte Ai-laau alles hinter sich gelassen.

So ein miserabler Feigling, dachte Pele, läuft vor einer Frau davon! Sie überlegte sich einen Plan für ihr zukünftiges Heim, denn dieser Platz entsprach exakt ihren Vorstellungen. Auf der Stelle begann sie, sich einzurichten, und entschied, in Zukunft auf Hawaii zu bleiben. Ai-laau hingegen verschwand für immer von den Inseln.

Peles Kampf gegen den Drachen Pii und die Eule Pueo

Zwischen den beiden Häuptlingen Koa und Kau war ein Streit entbrannt. Jeder sah dafür beim anderen die alleinige Schuld. Koa war dermaßen von Hass erfüllt, dass ihm jedes Mittel recht war, seinen Feind zu vernichten.

Damals gab es auf Kauai einen mächtigen Drachen der Pii-Familie. Diese Drachen waren dereinst von einem weit entfernten Land als Diener des ersten Königs auf die Hawaii-Inseln gekommen. Die Drachen der Pii-Familie besaßen die magische Kraft, entweder als Mensch oder als Drache zu erscheinen, ganz wie es ihnen gefiel. Der mächtigste von ihnen war ein Halbgott und hieß Pii-ka-Lalau, »Pii, der Fänger«. Sein Zuhause lag am obersten Grat einer unzugänglichen Schlucht.

Eines Tages machte sich der rachsüchtige Häuptling Koa auf den Weg zu dieser Schlucht und rief nach Pii. Es gelang ihm, diesen auf seine Seite zu ziehen und als Verbündeten zu gewinnen. Sie beschlossen, vereint gegen Kau zu kämpfen.

Gemeinsam heckten sie einen Hinterhalt aus, um Kau zu töten: Sie lockten ihn in eine Hütte, wo Pii ihm auflauerte. Kau erhielt einen gewaltigen Schlag auf die Schulter, der ihn zu Boden warf. Pii, in der Gestalt eines Giganten, holte aus, um seinen riesigen Speer auf Kau zu schleudern. Kau, einer der geschicktesten Häuptlinge im Speerkampf, sprang behänd auf die Beine und wich dem Wurf aus. Seine einzige Waffe war ein hölzerner Speer, jedoch reichte er meist nicht nahe genug an den Riesen heran, um ihn zum Einsatz bringen zu können.

Bald war Kau dermaßen erschöpft, dass er kaum noch kämpfen konnte. Inzwischen aber waren Kaus Krieger ihrem Herrn zu Hilfe geeilt und warfen Steine in das Gesicht des Giganten, wodurch Kau entkommen konnte.

Kaus Männer standen jedoch auf verlorenem Posten, da der Riese nahezu vier Meter groß war. Seine Augen besaßen die Ausmaße einer Faust und in seinem gigantischen Mund befanden sich Zähne gleich den Hauern eines Wildschweins. Seine Beine waren von der Höhe eines Baumes und er war dermaßen schwer, dass überall dort, wo er hintrat, Löcher im Boden zurückblieben.

Die Frau des Häuptlings ergriff einen *Ikoi*, ein schweres Stück Holz, das an einem langen und starken Seil befestigt war. Sie schwang ihn derart geschickt, dass sich das Seil um den Riesen wand und seine Arme an den Körper fesselte. Sogleich hagelten wieder Steine und Speere auf den Giganten. Jedoch zerriss dieser das Kokosnussseil des Ikoi und trieb die Krieger vor sich her, um in das Haus des verletzten Häuptlings zu gelangen, wohin dieser geflohen war.

Sobald Kau sein Haus erreicht hatte, war eine alte Wahrsagerin an die Seite ihres Herren geeilt, eine glühende Verehrerin von Pele. Inständig waren ihre Gebete und Beschwörungen.

Schon schleuderte Pele aus heiterem Himmel einen Feuerblitz auf den Riesen. Pii wurde zu Boden geworfen. Ein zweiter Blitz blendete und betäubte ihn.

Angeschlagen von dem unerwarteten Angriff, erbat Pii von Pueo, seinem gewaltigen Geistergott, Unterstützung. Pueo war eine große Eule, in deren Körper der mächtigste Vorfahre von Pii weiterlebte. Im nächsten Augenblick sauste Pueo von der Höhe seiner Höhle herab. Er schwebte über den Körper von Pii und fing mit seinem Schnabel Peles Blitze ein. Durch eine Drehung seines Kopfes ließ er sie zu Boden fallen.

Dicht flogen die Speere und Pfeile der Krieger von Kau gegen Pii und Pueo. Mit großer Wucht sausten Peles Blitze herab. Steine trafen sowohl Pii als auch seinen Eulengott, sodass beide schwer verwundet wurden.

Unversehens nahm Pii wieder seine Drachengestalt an und entkam in den hintersten Winkel seiner heimatlichen Schlucht. Nie mehr sollte er Kau behelligen.

Pele und der Schweinegott Kama-puaa

Kama-puaa wurde auf der Insel Oahu geboren, wo man ihn als gewalttätiges Monster fürchtete, aber ebenso als hübschen und liebenswerten Häuptling achtete. Er war ein *Kupua* – nämlich ein Wesen, das sich entscheiden konnte, als Tier oder als Mensch zu erscheinen. Meist trug er die Gestalt eines Mannes, jedoch wenn ihn das Verlangen überkam, gegen jemanden zu kämpfen, oder wenn er sich verbergen musste, schlüpfte er in den Körper eines Schweins. Da er mit übernatürlichen Kräften ausgestattet war, nannte man ihn den Schweinegott.

In Kama-puaas Besitz befand sich eine wunderbare Muschel, die er als Boot benützte, um von einer Insel zur anderen zu gelangen. Sobald er das Ufer erreicht hatte, presste er die Muschel mit seinen Händen, bis sie dermaßen geschrumpft war, dass er sie im Lendenschurz verstauen konnte. War er allein unterwegs, passte sich die Muschel der Größe seines Körpers an; segelte er hingegen mit Begleitern hinaus aufs Meer, bot sie genügend Platz für alle.

Eines Tages brach Kama-puaa mit seinem Muschelboot zum südöstlichsten Punkt Hawaiis auf. Nachdem er an Land gegangen und seine Muschel eingesteckt hatte, überquerte er unwegsame Lavafelder. Scharfe Kanten schnitten schmerzhaft in seine Fußsohlen, aber er kümmerte sich nicht weiter darum, heftig trieb ihn die Leidenschaft vorwärts. Sein Ziel war Peles Reich: die Hügel und Krater des Kilauea. Um Peles

Gunst zu erringen, hatte er sich in einen hübschen Jüngling verwandelt.

Vom obersten Rand des Vulkankegels beobachtete Kama-puaa, wie Pele und ihre Schwestern über dem Dunst des Kraters ein Ballett tanzten, wobei die Abdrücke ihrer Füße auf der brodelnden Lava Blasen hinterließen. Eine der Schwestern entdeckte Kama-puaa und rief: »Schaut, dort oben steht ein attraktiver Mann. Sein Gesicht ist hell wie der Mond. Wir sollten unser Verbot aufheben, dann könnte ihn eine von uns zum Mann nehmen.«

Die Schwestern waren neugierig geworden. Sie hörten das »Tam-Tam-Tam« einer kleinen Handtrommel, die der gut proportionierte Fremde auf dem Grat des Vulkankegels spielte. Dazu tanzte er, grandios beleuchtet vom Schein der Morgensonne.

»Das ist kein Mann, sondern ein Schwein«, spottete Pele und provozierte Kama-puaa mit abfälligen Bemerkungen, beschimpfte ihn, er würde grunzen und im Dreck wühlen wie ein Schwein: »Der Sohn eines Schweins ist und bleibt ein Schwein.«

Mit einem Schlag verwandelte sich Kama-puaas Liebesgesang in eine Kaskade beleidigender Äußerungen gegen Pele. Wütend prahlte er mit seiner Macht und drohte, Peles Feuer auszulöschen.

Auch Pele war nicht auf den Mund gefallen und sandte ein paar Wolken übelriechender Schwefeldünste, um ihn einzuschüchtern. Zu ihrer Überraschung wischte Kama-puaa die Wolken weg, wehrte mit ein paar Worten den Ausbruch ab und stand ihr unversehrt gegenüber.

Den Schwestern gefiel der gut aussehende junge Mann und sie baten Pele, ihn in die Familie aufzunehmen. Erst zögerte Pele, sandte aber dann ihren Bruder Kane-hoa-lani, den Herrscher des Himmels, um mit Kama-puaa zu sprechen. Nach langwierigen Verhandlungen gelang es dem Unterhändler, eine Aussöhnung der beiden Parteien zu vermitteln.

Einige Zeit lebten Pele und Kama-puaa als Paar zusammen, residierten an verschiedenen Orten in der Umgebung von Puna. Pele gebar einen Sohn, der den Namen Opelu erhielt. Von seinem Vater hatte er die Fähigkeit geerbt, sich in einen Fisch zu verwandeln. Er schwamm durch die hawaiischen Gewässer und zeugte zahlreiche Nachfahren – darunter sowohl Fürsten als auch gewöhnliche Menschen.

Die Beziehung zwischen Pele und Kama-puaa hielt nicht allzu lange. Ständig stritten sie sich und warfen einander die übelsten Beschimpfungen an den Kopf. »Mich widern deine schweinischen Gewohnheiten an«, fauchte Pele, »du verhältst dich nicht nur wie ein Schwein, du bist ein Schwein.« Kama-puaa geriet in fürchterlichen Zorn wegen Peles aufbrausenden Charakters. »Deine Ungeduld ist widerlich, nicht einmal gegenüber deinen Schwestern zeigst du einen Funken von Toleranz. Du bist eine widerwärtige Frau.«

Pele stampfte auf den Boden, dass die Erde bebte. Risse taten sich auf, aus denen Dampf und Rauch aufstiegen und um Kama-puaa quollen. Damit konnte sie ihn nicht erschrecken, vielmehr setzte er seine göttlichen Kräfte gegen Pele ein. Der Streit eskalierte: Ein Halbgott bekämpfte eine Halbgöttin! Kama-puaas Gefühle für Pele hatten sich allmählich in Hass verwandelt, aus Liebe war Feindschaft geworden.

Während Pele heiße Lava einsetzte, verteidigte sich Kama-puaa mit Wassermassen. Seine Fluten löschten das Feuer, sodass Pele ins Landesinnere fliehen musste. Ihr ehemaliger Liebhaber verfolgte sie und zwang sie, sich in den Krater des Vulkans Kilauea zurückzuziehen.

Sturzbäche fielen aus schwarzen Wolken, die sich über dem Vulkan gesammelt hatten. Mit Hilfe seiner Schwester goss Kama-puaa Regen in den Krater, beinahe wäre Pele ertrunken. Wasser füllte den Kegel, nahezu erloschen war das vulkanische Feuer. Pele ersuchte die Götter der Unterwelt um ihren Beistand. Lono-makua, dem Hüter des Erdfeuers, gelang es, einen winzigen Funken an seiner Brust zu retten. Damit entfachte er die Flammen aufs Neue.

Gewaltige Mengen Lava ergossen sich aus Peles Vulkan. Die Attacke traf Kama-puaa unerwartet, denn er hatte angenommen, mit seinem Wasser Peles Feuer gelöscht zu haben. Um sich gegen die Lava zu wehren, verwandelte der Schweinegott die Haut seines Körpers in eine borstige Heide, die er so weit wie möglich ausbreitete. Zwar konnten die Borsten den Lavafluss ein wenig verlangsamen, jedoch keineswegs aufhalten. Ganz im Gegenteil: Die Borsten von Kama-puaas Schweinehaut fingen Feuer und begannen zu brennen. Der Schmerz trieb ihn an die Grenze einer Ohnmacht. – Seither tragen Kama-puaas Nachkommen bloß wenige Borsten auf ihrem Unterleib.

Kama-puaa trachtete ins Meer zu entkommen, indes erhitzte die Lava das Wasser, bis es kochte. Verfolgt von der siegessicheren Pele, veränderte er seine Gestalt in die eines Fisches. Dieser Fisch besaß eine merkwürdige Zeichnung sowie eine dicke Haut. Mitunter gab er Geräusche von sich, die an das Grunzen eines Schweins erinnerten.

Aufgestachelt von ihrem sich abzeichnenden Sieg, forderte Pele Verstärkung von den Göttern der Unterwelt an, doch Kama-puaa gelang die Flucht. Später heiratete er eine Prinzessin, mit der er etliche Kinder haben sollte.

Pele und Kama-puaa einigten sich, ihre Hoheitsansprüche über die Inseln zu teilen. Durch einen göttlichen Schwur erhielt Pele den südlichen Teil der Großen Insel und Kama-puaa herrschte über die nordwestlichen Inseln. Der Schwur ist niemals gebrochen worden.

Mehrmals versuchte Pele, Kama-puaas Zuneigung zurückzugewinnen, bediente sich dazu aller möglichen Finten, da sie Kama-puaa immer noch liebte. Auf Peles Ersuchen breitete ihre Schwester Kapo über den Krater Koko Head ihre Vagina aus, um Kama-puaa anzulocken. Doch alle Versuche waren vergebens. Kama-puaa mochte nicht mehr an seine ehemalige Geliebte erinnert werden.

Pele und die Schneegöttin Poliahu

Es ließ sich nicht vermeiden, dass sich die Schneegöttin Poliahu und ihre Widersacherin, die Göttin des vulkanischen Feuers, bisweilen begegneten – schließlich wohnten sie nicht allzu weit voneinander entfernt auf der großen Hawaii-Insel. Meistens präsentierte sich Pele bei diesen Begegnungen als eine Frau von imposanter Schönheit, was ihr Gesicht ebenso wie ihre Figur betraf.

Die Häuptlinge der verschiedenen Inseln pflegten einander an bestimmten Orten zu treffen, wo sie ihre sportlichen Wettkämpfe austrugen. Unter dem Schutz der Bäume veranstalteten sie diverse Spiele, um ihr Glück oder ihre Geschicklichkeit unter Beweis zu stellen. Auf offenen Lichtungen wurde geboxt oder es wurden Speerwurfbewerbe abgehalten. Wo die Brandung sich dafür eignete, fuhren sie mit Surfbrettern auf den Wellen, was ein berauschendes Vergnügen war. Das Surfen war ein Privileg der Häuptlinge und Adeligen. Außerdem wurden Rennen mit Grasschlitten ausgetragen – am liebsten auf den steilsten Abhängen.

Mitunter fiel den Teilnehmern der Wettkämpfe eine ihnen allen unbekannte Dame auf und sie fragten sich, woher sie gekommen sein mochte. Das Rennen der langen und schmalen Schlitten, wenn sie die Grashügel talwärts rasten, amüsierte Pele am meisten.

Die Wettbewerbe waren mal wieder voll im Gange. Poliahu war vom Gipfel des Mauna Kea herabgestiegen, begleitet von ihren drei Schwestern, als sich eine Fremde von außergewöhnlicher Schönheit zu ihnen gesellte. Poliahu hieß die Dame willkommen. Pele empfand das Verhalten von Poliahu ihr gegenüber als arrogant. »Die Göttin des Feuers behandelt man nicht herablassend!« Mag sein, dass Pele überempfindlich reagierte, jedenfalls begann sich der Boden sogleich zu erwärmen.

Pele fauchte: »Du wirst mir in Zukunft mit dem nötigen Respekt begegnen!« Sie befahl den Mächten des Feuers, aus den unterirdischen Höhlen des Mauna Kea hervorzubrechen. Wie ein Feuerwerk zischten die glühenden Fontänen aus dem Berg. Poliahu floh in Richtung des kühlen Gipfels. Heiße Lava versengte ihren Schneemantel und sie riss die Reste ihrer Kleidung mit sich fort. Die Häuptlinge vergaßen ihre Wettkämpfe und rannten, von panischer Angst gepackt, um ihr Leben.

Jedoch – Poliahu war keineswegs besiegt. Sie befahl den Schneewolken, sich über dem Gipfel des Berges zu sammeln, um ihr Gewand zu erneuern. In dichten Flocken fiel der Schnee, bis er die feurige Lava erreicht hatte. Unerbittlich fochten die Diener von Pele und Poliahu gegeneinander. Allmählich erlangte Poliahu ihre Macht zurück und warf wieder einen ihrer weißen Mäntel über die Spitze des Berges.

Ungezählt waren die Gefechte zwischen Pele und Poliahu. Viele Male war Pele vorwärtsgeprescht und hatte gewaltige Eruptionen gegen die Göttin des Schneemantels gesandt. Einen endgültigen Sieg vermochte Pele allerdings nicht zu erringen, sodass sich ihr Königreich auf den südlichen Teil der Insel Hawaii beschränkte, während Poliahu ihren Einflussbereich in die höher gelegenen Regionen der Insel verlegte.

Der Geistertanz auf dem Punchbowl-Krater

Vor langer Zeit war Kakei der Herrscher von Oahu. Er war kühn und tapfer, im Umgang mit dem Speer und der Kriegskeule geübt, aber ebenso geschickt mit der Steinschleuder. Ihm zur Seite standen tatendurstige junge Häuptlinge einzelner Distrikte, die sowohl Schläge austeilen als auch einstecken konnten.

Kakei beorderte seine Häuptlinge zu sich und erklärte ihnen, sie mögen Vorbereitungen treffen für eine Reise sowie eine kriegerische Auseinandersetzung. »Es könnte eine längere Fahrt werden«, sagte Kakei, »wählt die furchtlosesten eurer Gefolgsleute, bewaffnet sie entsprechend und versorgt sie mit Proviant.« Etliche neue Kanus wurden hergestellt und die besten der alten repariert. »Es gilt«, setzte Kakei mit seiner Ansprache fort, »unsere Kanus mit haltbaren Segeln auszurüsten sowie für ausreichend Proviant vorzusorgen.« Die Häuptlinge kehrten nach Hause zurück und machten sich daran, Kakeis Anweisungen zu befolgen.

Voll Neugierde rätselten die Leute über Ziel und Zweck der Expedition. Vermutungen wurden angestellt, gegen welchen seiner Feinde Kakei einen Angriff beschlossen habe, und man diskutierte die Chancen eines Sieges. »Womöglich plant unser König die Eroberung einer anderen Insel, um sein Reich zu vergrößern.« Ein anderer meinte, er wolle irgendwo Beute machen.

Einige Monate vergingen, dann waren sämtliche Vorbereitungen beendet. Schließlich versammelte sich die Schar der Krieger um ihren König. Alle Häuptlinge trugen gelbe oder rote Kriegsmäntel sowie grässliche Kriegsmasken. Eine beeindrckende Flotte von Kanus setzte vom Festland ab, an jedem Mast wurden farbige Wimpel gehisst.

Kaum hatten die Boote die Küste hinter sich gelassen, änderte Kakei den Kurs nach Norden, worüber sich seine Leute wunderten, denn sie hatten erwartet, Kakei würde eine südliche Route einschlagen. Obwohl die Nacht hereinbrach, war der Himmel klar, sodass sie nach den Sternen navigieren konnten. Ein leichter Wind sowie die Arme der Ruderer brachte die Flotte zur Insel Kauai.

Die Morgendämmerung malte prächtige Farben auf den Himmel, als Kakei und seine Krieger an Land gingen. Mit ihrem Kampfgeschrei weckten sie die Bewohner des Dorfes Waimea.

Der Häuptling von Waimea ergriff seine Kriegskeule und den Speer, stimmte ein Kriegsgeheul an und rannte aus seiner Hütte. Durch die unerwartete Attacke verwirrt, hatten seine Leute keine Chance, gegen ihre Angreifer zu bestehen. Einige Männer wurden getötet, ihre Strohhütten in Brand gesteckt. Nach kurzer Zeit war der Kampf entschieden.

Kakei hatte die Anweisung erteilt, die gesamte Beute an den Strand zu schaffen: Frauen und Kinder, sämtliche Kanus, Kalebassen und Matten, Kleider und Federmäntel, alle Steinwerkzeuge. Damit wurden sowohl ihre eigenen Boote beladen als auch die erbeuteten Kanus. So schnell, wie sie gekommen waren, verließen Kakei und seine Krieger die Insel Kauai.

Ohne Zwischenfälle erreichten sie Oahu und legten im Hafen von Honolulu an. Die neuen Reichtümer wurden auf dem Strand ausgelegt, die erbeuteten Frauen und Kinder präsentiert. König Kakei veranlasste ein üppiges Fest an den

Hängen des Punchbowl-Kraters: Fische wurden gefangen, Schweine und Hühner geschlachtet, man bereitete Erdöfen vor, kleidete sie mit heißen roten Steinen aus, die größten Kalebassen wurden mit *Awa* gefüllt. Kakei und seine siegreichen Kämpfer drängten sich um den nahrhaften *Poi*, zubereitet aus der Wurzel der *Taro*-Pflanze. Zu Ehren der Sieger tanzten Hulamädchen.

Alle amüsierten sich und genossen das Fest, als mit einem Mal die Erde unter ihren Füßen erzitterte. Die Awa-Kalebassen kippten um, der Poi-Brei wurde auf den Boden verschüttet. Aus der Wand des Punchbowl-Kraters lösten sich Felsbrocken, stürzten den Abhang herunter. Panik brach aus. Die Menschen rannten um ihr Leben, dennoch wurden einige von Steinen erschlagen.

Ein weiteres mächtiges Erdbeben folgte dem ersten. Der Punchbowl-Krater öffnete sich, heraus quoll ein Lavastrom, begleitet von Rauchwolken faulig stinkender Gase. Die Strohmatten fingen Feuer. Unvermittelt wurde Kakeis Siegesfeier von Pele verschlungen.

Da ereignete sich etwas Wundersames: Über der heißen Lava tanzten Geistergestalten einen feierlichen Tanz, bewegten sich zwischen den Rauchwolken über dem Krater. Um die geraubten Frauen und Kinder zu beschützen und jene zu bestrafen, die Unrecht nach Kauai gebracht hatten, waren die Geister der Vorfahren erschienen.

Geschockt von dem Zeichen der Geister, befahl Kakei, die gefangenen Frauen und Kinder unverzüglich an den Strand zu geleiten, um den Göttern seine Sühne anzubieten und deren Versöhnung zu erlangen. Indes tanzten die Ahnengötter weiter ihre schemenhaften Tänze. Die gesamte Beute, die Kakei entwendet hatte, wurde den Gefangenen übergeben.

Unverzüglich wurden sämtliche Güter sowie die Frauen und Kinder in Kanus verfrachtet. Einige von Kakeis Kriegern nahmen Kurs auf Kauai. Sobald die Kanus außer Sichtweite waren, hörte das Erdbeben auf und der Lavastrom versiegte. Der Punchbowl-Krater erkaltete. In diesem Augenblick waren auch die tanzenden Geister verschwunden. Sie hatten die angebotene Reue des Königs Kakei und seiner Krieger akzeptiert.

Das Versprechen von Aiwo-hi-kupua

Aiwo-hi-kupua, ein Prinz aus Kauai, war von den Mädchen seiner Heimatinsel nicht sonderlich angetan. Bestimmt finde ich anderswo hübschere Frauen, dachte er und beschloss, sich auf die Suche zu machen. Vor seiner Abreise hatte er einen Traum, in dem er Laie-i-ka-wai, der Göttin der Dämmerung, begegnete. Von ihrer Schönheit angetan, hatte er um ihre Hand angehalten und ihr die Treue gelobt. »Du wirst mich finden«, hatte Laie-i-ka-wai versprochen, »dann kannst du mich heiraten. Ich werde auf dich warten.« Also machte Aiwo-hi-kupua sein Kanu startklar und fuhr los.

Sobald er sich der Insel Maui näherte, erweckte eine faszinierende Gestalt seine Aufmerksamkeit: Auf einem Surfbrett stand eine Frau und glitt grazil über die Wellen. Er folgte ihr mit seinem Kanu, um sie näher zu betrachten. Am Strand trafen sie einander. Aiwo-hi-kupua hatte keine Ahnung, wer die unbekannte Frau war. Sie hatte eine muskulöse, aber zugleich zarte und geschmeidige Figur. Auf der Stelle verliebte er sich in die Fremde. Offenbar wurden seine Gefühle von Hina-i-ka-malama, einer Göttin des Meeres und Verwandten von Pele, erwidert. »Wenn ich gegen dich beim Schachspiel gewinne, wirst du mein Mann«, sagte Hina. Aiwo-hi-kupua ließ sich auf das Spiel ein. Tatsächlich gewann Hina.

Irgendwie war Aiwo-hi-kupua nicht ganz wohl in seiner Haut, da er sich an sein Versprechen erinnerte, das er vor seiner Abreise von Kauai der Traumgöttin Laie-i-ka-wai gegeben hatte. So bezaubernd Hina auch war, wollte er nicht für immer bei ihr bleiben. Es galt, einen Vorwand zu finden, seine Reise fortzusetzen.

»Ich muss dich verlassen und nach Hause zurückkehren, um alle Vorbereitungen für unsere Hochzeit zu treffen, aber ich werde bald wiederkommen«, versprach Aiwo-hi-kupua. Er verabschiedete sich von Hina und machte sich schleunigst aus dem Staub. Allerdings segelte er nicht heimwärts Richtung Kauai, sondern nahm Kurs auf die große Hawaii-Insel.

Das Meer war glatt und die Fahrt angenehm. Bald war die Insel in Sichtweite. Aiwo-hi-kupua befand sich in bester Stimmung. Da sah er auf den Klippen nahe dem Meer eine anmutige Frau ruhen. Dies kann keine Täuschung sein, dachte er. Mit anmutigen Gesten winkte sie ihm, deutete ihm unmissverständlich, er möge näher kommen. Neben ihr lag ein weißer Mantel, den sie über die Steine ausgebreitet hatte. Aiwo-hi-kupua zog sein Kanu an Land und war überwältigt von dem Anblick: Aus der Nähe war die Frau noch bezaubernder, als er jemals vermutet hätte. Sogleich machte er ihr Komplimente. Gemeinsam verbrachten sie einen genussvollen Tag am Strand. Als es zu dämmern begann, nahm Poliahu ihn mit zu sich.

»Ich möchte dich heiraten«, sagte Aiwo-hi-kupua. »Als sichtbares Zeichen unserer Verlobung«, erwiderte Poliahu, »wollen wir unsere Kleider tauschen.« Sie reichte Aiwo-hi-kupua ihren weißen Mantel und ihr Geliebter legte sich den Mantel der Braut über seine Schultern. »Du sollst ihn tragen, bis wir verheiratet sind.« Poliahu war eine der vier Schneegöttinnen; jede der Schwestern herrschte über einen der hohen Berge. Poliahus Reich waren die Höhen des Mauna Kea, ihr Mantel bestand aus glitzernden Schneekristallen.

Schließlich kam für Aiwo-hi-kupua die Zeit des Aufbruchs. In seinem Kanu war nicht genügend Platz für ihn, seine Braut und deren Begleiterinnen. Deshalb machte er sich allein auf die Rückreise nach Kauai, um die Hochzeit vorzubereiten. Die Traumgöttin Laie-i-ka-wai und seinen Treueschwur ihr gegenüber hatte er beinahe völlig vergessen. Bevor er wieder auf das Meer hinausfuhr, bat Aiwo-hi-kupua seinen Gott, ihn von dem voreiligen Heiratsgelöbnis, das er Laie-i-ka-wai im Traum gegeben hatte, zu befreien, denn er fürchtete ihre Rache.

Die Hochzeit mit Poliahu sollte auf der großen Hawaii-Insel stattfinden. Eine Gefolgschaft von Kanus begleitete Aiwo-hi-kupua, Musiker und Sänger sowie seine besten Freunde. Aiwo-hi-kupua war mit dem weißen Mantel seiner Braut bekleidet und von einem strahlenden Helm aus roten Federn bekrönt. Jene Berge, die den Schneegöttinnen gehörten, waren bis weit hinunter zur Küste mit Schnee bedeckt.

Poliahu und ihre drei Schwestern eilten herbei, um die Gäste aus Kauai willkommen zu heißen. Kühle Winde empfingen die Hochzeitsgesellschaft, als sich die Kanus der Küste näherten, jedoch in dem Moment, als Aiwo-hi-kupua und seine Leute an Land gingen, warfen die Göttinnen ihre Mäntel ab und Sonnenschein brach hervor. Der Schnee zog sich zurück auf die Gipfel der Berge. Spiele und festliche Gelage, Hulatänze und sportliche Wettkämpfe begleiteten die Hochzeitsfeier. Nach dem Ende des Festes reiste Poliahu gemeinsam mit Aiwo-hi-kupua zurück nach Kauai.

Auf irgendeine Weise hatte Hina von der Hochzeit erfahren. Wütend begab sie sich nach Kauai. Kaum waren Poliahu und Aiwo-hi-kupua auf Kauai an Land gegangen, schlang Hina ihre Arme um den Hals von Aiwo-hi-kupua und küsste ihn leidenschaftlich. »Du bist mein Mann«, lächelte sie scheinheilig, »du erinnerst dich doch gewiss an dein Versprechen und die wunderbaren Tage, die wir miteinander verbracht haben?« Peinlich berührt trachtete Aiwo-hi-kupua, sich Hinas Umarmungen zu entziehen und sich diese Frau vom Leibe zu halten.

»Wir werden heiraten, denn in deinen Armen bin ich glücklich.« An seiner Seite stand Poliahu und beobachtete das Geschehen. Zornig erklärte sie Hina, dass sie nun die Gattin von Aiwo-hi-kupua sei.

»Du hast mich betrogen, meine Liebe missbraucht, mich erbärmlich verraten.« Hina schimpfte und fluchte, kreischte und tobte fürchterlich. Da Hinas Vorwürfe der Wahrheit entsprachen, wagte Aiwo-hi-kupua nicht zu widersprechen.

Poliahu wandte sich von ihrem Gatten ab: »Ich werde dich verlassen.« Vergeblich mühten sich die Freunde von Aiwo-hi-kupua, eine Aussöhnung zu vermitteln. Mit einem Mal wurden alle von einer schrecklichen Kälte erfasst. Die Freunde und Untertanen von Aiwo-hi-kupua wussten nicht, wie ihnen geschah. »Diese Kälte rührt von Poliahus Schneemantel. Sucht nach dem Feuer von Pele!« Unversöhnlich warf Poliahu ihren weißen Mantel über Aiwo-hi-kupua und seine Leute, blies noch einmal ihren kalten Atem auf Aiwo-hi-kupua und verließ ihren Gatten sowie Kauai für immer, um sich auf die hohen Berge ihrer Heimatinsel zurückzuziehen.

Gekränkt und enttäuscht wandte sich auch Hina von Aiwohi-kupua ab.

»Auf mich kannst du fortan nicht mehr zählen, denn du hast unsere Vereinbarung gebrochen«, grollte schließlich noch die Traumgöttin Laie-i-ka-wai. Allein blieb Aiwo-hi-kupua zurück, hatte sowohl Poliahu als auch Hina und Laie-i-ka-wai für immer verloren.

Die Tochter der beiden Hügel

Die beiden Hügel Puu-hele und Puu-o-kali waren Drachenwesen. Ihr erstes Kind war eine Tochter, die sie Puu-o-inaina nannten. Sie entwickelte sich zu einer attraktiven Frau und reiste von einer Insel zur anderen. Eines Tages begegnete sie dem Zauberer Hua, der zwei Söhne hatte und die Gestalt eines Vogels annehmen konnte.

Eine Zeit großer Dürre brach über das Land herein. Die Menschen litten Hunger, da ihre Ernte in der Sonne verdorrte. Hua flog hinauf zu den Wolken und zwang sie, ihr Wasser über das Gebiet fallen zu lassen, in dem er herrschte. Der Regen ließ die Pflanzen wieder wachsen, sodass die Untertanen von Hua nicht länger hungern mussten.

Die beiden Söhne von Hua hatten sich heftig in Puu-o-inaina verliebt, machten ihr Geschenke und demonstrierten auf alle erdenklichen Arten ihre Zuneigung. Einer wetteiferte mit dem anderen. Puu-o-inaina zögerte, da sie sich nicht entscheiden konnte oder wollte, welchem der beiden sie ihre Gunst schenken sollte. Oder erwog sie gar, sich mit beiden einzulassen? Noch hatte sie keine endgültige Entscheidung getroffen. Eines Tages kam Lohiau, der junge Prinz von Oahu, in ihre Gegend zu Besuch, um sich mit dem Zauberer Hua zu treffen, von dem er einen Ratschlag erhoffte.

Länger als geplant blieb Lohiau, denn seine Liebe ließ ihn an der Seite von Puu-o-inaina ausharren. Da seine Gefühle uneingeschränkt erwidert wurden, nahm er das hübsche Mädchen zu seiner Frau. Allerdings hatte Lohiau vergessen, dass er bereits mit Pele verheiratet war. Die Feuergöttin verfügte jedoch über die Macht, von Lohiaus Untreue zu erfahren, da sie weit über das Meer und die Inseln blicken konnte. Als sie sah, wie Lohiau und Puu-o-inaina einander innig umarmt hielten, ergriff Pele ein gewaltiger Zorn. Einen kurzen Moment überlegte sie, Lohiau zu töten, indes wurde sie von einem anderen Gedanken erfasst: Nicht Lohiau sollte ihre Rache treffen, sondern seine junge Frau. Sie zerschnitt den Körper von Puu-o-inaina in der Mitte. Aus ihrem Unterleib gestaltete sie den Hügel Puu-o-lai, während sie aus dem Kopf die Kraterinsel Molokini formte, kaum oberhalb der Wasseroberfläche gelegen – um sicherzugehen, dass ihre Widersacherin unvermeidlich ertrinken würde.

Die Legende von Ka-ohelo

Im Gegensatz zu Pele war Ka-ohelo, eine ihrer Schwestern, keine Göttin, sondern ein ganz gewöhnlicher Mensch ohne irgendwelche übernatürlichen Fähigkeiten. Dennoch ist es auf diese Schwester zurückzuführen, dass Pele die *Ohelo*-Beeren heilig waren und sie äußerst wütend werden konnte, wenn sie ihr jemand vorenthielt. Niemandem gestattete sie, Ohelo-Beeren zu pflücken oder zu essen, ohne ihr zuvor einen entsprechenden Anteil überlassen zu haben. Wer sich Pele näherte, musste ihr Ohelo-Beeren opfern. Alles andere kam einer schweren Provokation gleich und es bestand die Gefahr, furchtbar von Pele bestraft zu werden, verfolgt und getötet von ihrer Lava und ihren heißen Dämpfen. Denn insbesondere an den Hängen des Vulkans Kilauea, wo Pele ihre Wohnstätte gefunden hatte, gediehen die roten Beeren im Überfluss. Warum das so war, davon erzählt eine Geschichte; Peles Schwester Ka-ohelo wird darin zu einer Halbgöttin.

Die drei Schwestern Pele, Hiiaka und Ka-ohelo waren gemeinsam nach Hawaii gekommen und lebten auf der großen Hawaii-Insel. Malu-lani, die vierte Schwester, hatte es vorgezogen, sich auf der Insel Lanai niederzulassen. Sei es, dass sie sich nicht besonders gut mit Pele verstand – weil sie deren dominierende Rolle in der Familie nicht akzeptieren und sich der Allmacht ihrer Schwester entziehen wollte – oder sich in einen Mann verliebt hatte und sich wünschte, mit ihm zusammenzusein. Wie auch immer, sie blieb auf Lanai, während die drei anderen Schwestern nach Hawaii weitersegelten.

Hier gewann Pele allmählich ihre Macht über die Vulkane, während Hiiaka zur Hulagöttin wurde. Ka-ohelo hingegen lebte wie alle Sterblichen, diente Pele und war stets zur Stelle, wenn diese nach ihr rief. Sie wusste, dass sie eines Tages sterben würde.

»Wenn ich einmal gestorben bin«, sagte Ka-ohelo zu ihrem Sohn Kiha, »begrabe mich am Nabel deiner Großmutter auf dem Kilauea, dort soll mein Platz sein.«

Als der Tag gekommen war, an dem Ka-ohelo starb, erinnerte sich der Sohn an die Worte seiner Mutter und befolgte genau ihre Anweisungen. Kurze Zeit, nachdem er sie begraben hatte, wuchs aus ihrem Fleisch die über dem Erdboden kriechende Ohelo-Beere und aus ihren Knochen der Ohelo-Strauch. Als Kiha dies sah, grub er drei Knochen seiner Mutter aus der Erde und warf je einen auf die Inseln Maui, Oahu und Kauai, damit auch dort Ohelo-Sträucher gedeihen konnten. Den Kopf beanspruchte Pele und behielt ihn als schwelendes Feuer im Vulkan. Derart wurde Ka-ohelo zu einer von Peles übernatürlichen Priesterinnen.

Aus Kummer über den Tod von Ka-ohelo hatte sich ihre Schwester Malu-lani erhängt. Ka-ohelos Geist entschied, das Andenken an Malu-lani wach zu halten, weshalb sie aus dem Körper ihrer Schwester einen Hügel formte.

Ka-ohelos Geist schwebte unbehelligt nach Oahu und vermählte sich mit dem des hübschen Häuptlings Heeia. Der jedoch verließ sie schon nach kurzer Zeit, da er sich in den Geist einer anderen Frau verliebt hatte. Zuvor schenkte ihm Ka-ohelo noch eine Tochter, Wai-a-lani.

Eines Tages besuchte Wai-a-lani ihre Verwandten auf Hawaii. Sie stieg auf den Kilauea und begrüßte Pele. Um ihre Nichte willkommen zu heißen, reichte ihr Pele einige Ohelo-

Beeren. Als Wai-a-lani in die Beeren biss, floss Blut aus ihnen. Mit einem Schlag wurde ihr bewusst: »Es ist das Blut meiner Mutter, aus deren Körper der Ohelo-Strauch gewachsen ist.« Angewidert spuckte sie die Beeren aus und schwor, Pele niemals mehr sehen zu wollen.

Peles langer Schlaf

Pele hatte Lust, an den Strand zu gehen. Die weißen Kronen der Wellen reizten sie zum Baden und Surfen. Einige ihrer Verwandten begleiteten sie. Als Oberhaupt der Familie genoss Pele das Recht, sich vor allen anderen ins Wasser zu begeben. Weit schwamm sie hinaus und kehrte auf dem Rücken ihres Bruders Ka-moho-alii, des Haigottes, der sich ihr als Surfbrett zur Verfügung stellte, ans Ufer zurück. Wieder und wieder schwamm sie hinaus zu den Wellen.

Schließlich erklärte Pele ihrer Gefolgschaft, dass das Verbot zu schwimmen aufgehoben sei und sich alle ihren sportlichen Vergnügungen hingeben könnten. »Ich werde mich auf einen langen Schlaf vorbereiten, den meine jüngste Schwester Hiiaka bewachen wird.« Sodann ging Pele mit Hiiaka landeinwärts, bis sie ein Haus erreichten, gedeckt mit *Ti*-Blättern, das für die Göttin errichtet worden war. Hier legte sich Pele nieder und sagte zu ihrer Schwester:

»Ich werde die Schatten des Abendrots nicht wahrnehmen, denn ich gebe mich einem tiefen Schlaf hin. Lange wird dieser Schlaf dauern. Warte, ohne dich zu erheben, neun Tage und acht Nächte. Sodann wecke mich und singe jenes Lied, das meinen Körper zurück ins Leben zwingt. So lautet mein Befehl an dich.« Hiiaka hörte aufmerksam zu, als Pele hinzufügte: »Dieser Schlaf wird eine Reise sein, um einen Mann zu treffen. Sollte ich meinem Liebhaber begegnen, wird mein Schlaf nachhaltig in mein Leben eingreifen. Jetzt werde ich schlafen.«

Leise schlich Hiiaka zum Haupt ihrer Schwester und schwenkte eine duftende Hibiskusblüte. Im ganzen Raum breitete sich der Geruch aus. Seit jenem Tag wird die Gegend von Puna gerühmt für den Duft der Blätter und Blüten des *Ho-o-hala*-Baumes.

Sobald Pele eingeschlafen war und ihr Geist den Körper verlassen hatte, vernahm er das Geräusch von Hulatrommeln und Nasenflöten, begleitet vom Gesang einer wundervollen Stimme. Peles Geist lauschte dieser Stimme, glaubte im ersten Moment, es wäre Laka, die Göttin des Tanzes, jedoch ganz deutlich erkannte er eine männliche Stimme, kräftig und zugleich zärtlich. Ein heftiges Verlangen trieb den Geist nach Osten, doch kam der Gesang nicht von dort. Also wandte sich Peles Geist westwärts, denn aus dieser Richtung hörte er die satten Töne einer Trommel, konnte sie aber nicht genau lokalisieren.

Einige Zeit irrte Peles Geist umher, erklomm Hügel, senkte sich in tiefe Schluchten oder wanderte durch Wälder, bis er den Ruf ganz klar von der Küste her vernahm. Er überquerte das Meer und horchte wieder. Die Stimmen der Flöten und des Hula wurden lauter.

Von einer Insel zur anderen flog der Geist und gelangte schließlich nach Kauai. Hier verhallte der Klang der Trommeln und des Gesangs nicht. Da erkannte der Geist, dass Pele dem Liebhaber nahe war, zu dem sie in ihren Träumen gelangen wollte.

Peles Geist nahm die Gestalt einer jungen und strahlenden Schönheit an. Kein Makel störte die Formen ihres Körpers, gesalbt mit all den duftenden Ölen von Puna. Statt eines Kleides trug sie Girlanden roter Hibiskusblüten. Sie war aufreizend in ihrer verhüllt zur Schau getragenen Nacktheit. Trommeln und Gesang hatten sie zum Haus von Lohiau geführt, dem König dieser Insel. Seine Untertanen huldigten Pele mit lautem Beifall, man machte Platz, damit diese wundersame Fremde passieren konnte. Um sie zu ehren, warfen sich die Menschen ihr zu Füßen.

Im Glanz ihrer jungen Fraulichkeit betrat Pele das Haus der Hulatänze, schritt an den Trommeln vorbei und ließ sich auf einer jener weichen Matten nieder, wie sie für die Fürsten reserviert waren. Zahlreiche Adelige drängten sich um die Tänzer, hingegen versammelten sich die gewöhnlichen Leute außerhalb des Hauses.

Neugierig fragten die Häuptlinge, woher sie käme.

Pele antwortete lächelnd: »Ich gehöre zu Kauai und komme vom Sonnenaufgang.«

Lohiau, der Ranghöchste, sagte: »Kind der langen Reise, du sprichst in Rätseln. Ich kenne Kauai von der Küste bis zu den Bergen und meine Augen haben niemals eine Frau deinesgleichen erblickt.«

»Dort, wo du niemals gewesen bist«, erwiderte Pele, »war ich.«

Da Lohiau ihren Worten misstraute, fragte er ein weiteres Mal, woher sie komme. Pele gestand, dass sie aus Puna, von der großen Hawaii-Insel, stamme, »einem Ort, geliebt vom Sonnenaufgang«. Alle wussten, dass Puna im Osten der Insel lag, wo die Sonne früher als anderswo aufging.

Die Adeligen luden Pele ein, an dem Fest teilzunehmen und zu essen. »Ich habe gegessen und bin gesättigt. Allerdings bin ich hungrig nach den Hulatänzen, den Stimmen und dem Gesang.«

»Du bist willkommen und dies ist alles, was ich dir geben kann«, sagte Lohiau. »Für mich ist diese Insel Land und Meer zugleich. Dies sei dein Platz. Dein Heim in Puna wirst du hier wieder finden. Mein Haus trägt den Namen ›Baum des Lebens‹.«

»Der Name deines Hauses ist wunderschön«, antwortete Pele. »Meine Heimat in Puna heißt ›Langes Leben‹. Ich möchte dein Haus in mir aufnehmen.«

Während Pele auf ihrer Matte ruhte und das Fest der Häuptlinge genoss, betrachtete Lohiau unablässig den Körper dieser wundervollen Frau. Keine Sekunde ließ er sie aus den Augen. Eine innere Unruhe erfasste ihn und er äußerte gegenüber seinen Häuptlingen die Absicht, diese Prinzessin zu seiner Königin zu machen. Sein Ansinnen erschien allen recht vernünftig. Lohiau wandte sich an Pele und schlug ihr die Ehe vor. Pele akzeptierte dieses Angebot.

Lohiau erhob sich und ordnete an, die Tänze und Spiele abzubrechen, um die Hochzeit vorzubereiten. Pele und Lohiau wurden verheiratet und verbrachten einige Tage miteinander, wie es Sitte war. Danach gab Lohiau ein großes Fest für seine Freunde und Untertanen mit Hulatänzen und sportlichen Vergnügungen.

Das Fest war voll im Gang, als drei Frauen in das Haus des Hula traten und einen Platz nahe Lohiau einnahmen. Mit heftigem Applaus begrüßten die Leute ihr Kommen, denn sie waren nicht nur hübsch, sondern verfügten auch über magische Kräfte, wodurch sie sich ein Aussehen ihrer Wahl verleihen konnten. Geschmückt mit Farnen, Blättern und Blüten, faszinierten sie alle Anwesenden.

Pele hatte Lohiau gewarnt: »Es werden drei Drachengöttinnen erscheinen, so genannte *Mo-o*, und den Hula tanzen. Wenn du dich mit einer von ihnen einlässt, hast du mich verloren und wirst durch das Meer für immer von mir getrennt sein. Dies solltest du nicht vergessen, denn es ist mein Gebot.«

Fasziniert blickte Lohiau auf die wunderbaren Frauen. Die schönste und würdevollste von ihnen war Kilinoe. Bevor die Tänze begannen, wurde getafelt, aber Kilinoe rührte keinen Bissen an, verfolgte vielmehr mit größtem Interesse jeden Schritt von Lohiau und setzte alles daran, seine Aufmerksamkeit zu erringen. Pele verweigerte jeglichen Kontakt mit Kilinoe und hüllte sich in einen Schatten, der sie wie ein Nebel umgab.

Die Musiker nahmen ihre Plätze ein, griffen nach den Hula-trommeln und bereiteten sich darauf vor, für die Tänzer zu spielen. Da erhob sich Kilinoe, nahm Blüten und Blätter aus ihrem Schmuck und formte wohlduftende Kränze, mit denen sie Lohiau und seine Musiker krönte. Sie erwartete, dass Lohiau ihre Schönheit wahrnehmen und sie zu seiner Gelieb-ten machen würde. Doch Peles Worte klangen noch in seinen Ohren und er forderte Pele auf, ein Lied vorzutragen, bevor der Tanz beginnen würde.

Pele warf ihren Schatten von sich und sagte: »Für die Tänzer zu singen, ist nicht mein Metier, lieber Lohiau, stattdessen werde ich die Windgötter der Inseln Niihau und Kauai rufen, meiner Stimme zu folgen.« Der Rhythmus der Trommeln begleitete Pele, als sie den Hula der Winde tanzte und einen Wind nach dem anderen beschwor. Eine sanfte Brise blies durch das Haus, sodann pfiffen stärkere Winde durch die Bäume draußen. Die Winde tanzten in perfekter Übereinstim-mung mit Peles Stimme. Als Pele leiser wurde und schließlich verstummte, kehrten die Winde zurück zur Insel Niihau. Alle Augen wandten sich Pele zu.

Kilinoe konnte ihre Wut nur mühsam verbergen. Rot glühte ihr Gesicht und in ihren Augen blitzte das Feuer. »Du magst zwar die Insel Niihau kennen, doch bist du auch mit den Win-den von Kauai vertraut?«, forderte sie Pele heraus. Sollte es ihr gelingen, sie zu blamieren, würde sich Lohiau von Pele abwen-den, spekulierte sie. Von Peles wahrer Identität hatte Kilinoe keine Ahnung, sondern vermutete, Pele sei bloß irgendeine adelige Dame.

Ein weiteres Mal beschwor Pele die Winde: den Wind, der sanft die Wellen kräuselt; den Wind, der mit den Blättern der Bäume spielt; den Wind, der Äste knickt; den Wind, der die Regenwol-ken vor sich hertreibt; den Wind, der um die Spitzen der Berge jagt. Die Hüter der Winde hoben den Deckel ihrer Kalebasse und ließen die gefangenen Winde los. Zornig und zerstörerisch fegten Peles Winde über Hütten und Bäume. Da wusste Kilinoe, mit wem sie sich eingelassen hatte.

»Ihr seid doch die Hüterinnen der Höhlen von Haena, nennt man euch nicht auch die Winde von Haena?«, spottete Pele. Um dem Hohn und Gelächter von Lohiau und seinem Gefolge zu entgehen, verließen die Drachenfrauen fluchtartig das Haus des Hulatanzes. Lohiau sagte zu Pele: »Du hattest Recht, die Winde von Haena haben uns einen bösen Tag beschert. Dank deiner Macht haben wir uns ihres Einflusses entledigt.«

Als Pele sich zu ihrem langen Schlaf gebettet hatte, hatte sie ihre Schwester Hiiaka mit dem Auftrag verlassen, sie zu wecken, sollte sie nach neun Tagen nicht wieder zum Leben erwacht sein. Diese Frist war nahezu verstrichen und Hiiaka sang das magische Lied, das Pele sie gelehrt hatte. Während sie der Stimme ihrer Schwester lauschte, sagte Pele zu Lohiau: »Trotz deines heftigen Verlangens kann ich nicht länger bei dir bleiben, sondern muss zurückkehren zu den duftenden Hibiskusblüten, da meine Schwester mich gerufen hat. Deine Aufgabe ist es, dem Gebot zu gehorchen, das ich dir auferlegt habe. Gedulde dich so lange, bis ich meine kleine Schwester nach dir schicken werde, sodann folge ihr in mein Heim nach Puna.« Lohiau begriff nicht, warum seine Geliebte ihn verließ.

Deutlich vernahm Pele jene Beschwörung, die einen wandernden Geist zurückholte in sein Heim, egal wohin er sich begeben hatte. Über das Meer hallte Hiiakas Ruf.

Peles Geist schlüpfte in den Körper, der während ihrer Abwesenheit in ihrem Haus geruht hatte. Sogleich erhob sich Pele von ihrem Lager und beauftragte Hiiaka, alle Schwestern herbeizuholen. Sie wolle ihnen mitteilen, dass sie sich entschlossen habe, ihren Wohnort von der Küste wieder ins Landesinnere zu verlegen.

Die Schwestern versammelten sich um das Haus und Pele forderte eine nach der anderen auf, den Hula zu tanzen. Bis auf

Hiiaka weigerten sich alle. Sie sagten: »Keine von uns kann sich mit Hiiaka messen, sie allein ist die Göttin des Hulatanzes.«

Die verschiedenen Tänze hatte Hiiaka von ihrer Freundin Hopoe erlernt, ihr verdankte sie ihr Können. Deshalb erbat Hiiaka Peles Erlaubnis, mit Hopoe unten am Strand leben zu dürfen.

»Erst wenn du den Tanz des aufgehobenen Gesetzes getanzt hast, magst du gehen«, forderte Pele.

Zu Ehren ihrer Schwester tanzte Hiiaka und sang dazu. Jeder ihrer Schritte war perfekt; ein Fehler hätte bedeutet, dass die Geehrte die Huldigung zurückgewiesen hatte. Ein Lied, das jemandem gewidmet wurde, ging in dessen Besitz über, konnte aber wie jedes Eigentum an jemand anderen weitergegeben werden.

Hocherfreut über die Geschicklichkeit und die Anmut ihrer jüngsten Schwester sowie ergriffen von der gesungenen Würdigung, gestattete Pele, dass Hiiaka mit ihrer Geliebten Hopoe am Meer bleiben dürfe. Pele und die anderen Schwestern übersiedelten hingegen in den Krater des Kilauea.

Hopoe, der tanzende Stein

Bald nachdem Pele von ihrer Reise zu Lohiau zurückgekehrt war, quälte sie die Sehnsucht nach ihrem Liebhaber. Um sich von ihrem Verlangen nach Lohiau abzulenken, stocherte sie in ihren Lochkratern, bis Dampf und Schwefel aus dem Boden traten. Gleich dem vulkanischen Feuer brannte in ihr die Leidenschaft. Pele hatte sich auf der Großen Insel eingerichtet, ihre Wohnstätte im Krater des Kilauea bezogen und ihre Macht gefestigt. Nun wollte sie ihr Versprechen einlösen und Lohiau zu sich holen. Deswegen rief sie ihre Schwestern zu sich. Jedoch keine von ihnen besaß den Mut, sich der Herausforderung zu stellen und zur Insel Kauai zu reisen.

Zu guter Letzt sandte Pele nach Hiiaka. Erfrischt vom Wasser des Meeres und geschmückt mit Blumenketten, die ihre Freundin Hopoe für sie geflochten hatte, war Hiiaka vor Pele erschienen. Schweigend stand sie der mächtigen Schwester gegenüber. Während sie sich nach und nach all ihrer Blumenkränze entledigte, tanzte sie einen Hula, den sie von Hopoe gelernt hatte, denn diese kannte alle Tänze der Vorfahren. Hopoe unterrichtete Hiiaka auch in der Kunst, aus duftenden Blüten *Lei*-Ketten zu knüpfen. Gemeinsam schwammen sie hinaus zu den mit weißen Kronen bedeckten Wellen, tauchten zu den Fischen in den Korallenriffen. Sie legten Gärten an, von denen sie sich ernährten, pflanzten Hibiskus und *Hala*, woraus Matten und Röcke geflochten wurden. Zusammen genossen sie die glückliche Zweisamkeit ihrer gegenseitigen Liebe.

»Du weißt, dass du sehr viel von mir verlangst«, sagte Hiiaka. »Dennoch bin ich bereit, diese Aufgabe für dich zu übernehmen. Ich habe keine Angst und werde Lohiau hierher bringen.«

Zufrieden entgegnete Pele: »Mein Auftrag an dich lautet: Fahre über das Meer nach Kauai, finde meinen Mann und bringe Lohiau an meine Seite. Ich verbiete dir jeglichen körperlichen Kontakt mit ihm, selbst eine Umarmung ist dir nicht gestattet. Lohiau ist für dich tabu. Vierzig Tage stehen dir zur Verfügung, keinen weiteren Tag gewähre ich dir für den Hinweg und den Rückweg.«

Ohne zu überlegen blickte Hiiaka ihrer Schwester in die Augen und sagte: »Damit bin ich einverstanden. Ich werde deinen Mann geleiten, allerdings knüpfe ich daran eine Bedingung: Du musst meinen Hibiskusgarten pflegen und darfst nicht zulassen, dass ihn jemand zerstört. Du kannst in allen unseren Gärten ernten, aber du darfst meinen *Lehua*-Hain nicht anrühren, er ist mein Glück und meine Wonne. Magst du das Land verwüsten bis an die Küste des Meeres, so fordere ich von dir, meine geliebte Hopoe nicht zu behelligen. Das ist mein Vertrag mit dir.«

»Dieses Abkommen will ich akzeptieren«, erwiderte Pele. »Ich werde mich um deinen Garten und um deine Freundin kümmern. Mache du dich auf, meinen Mann zu holen.«

Dies war ein zeremonieller Eid zwischen den beiden Schwestern. Zwar wusste Hiiaka, wie unberechenbar und unverlässlich Pele war und welche Zerstörung sie in ihrem Zorn imstande war anzurichten, dennoch vertraute sie ihrer Schwester. Sie war zufrieden und beruhigt, dass Pele versprochen hatte, den Schutz und die Verantwortung für Hopoe zu übernehmen.

Hiiaka stieg auf den Gipfel des Vulkans und sang für ihre Schwester ein Lied. Gerührt von dieser Huldigung übertrug Pele ihrer Schwester einen Anteil ihrer eigenen göttlichen Macht, mit der sie auf ihrer Reise im Kampf gegen Dämonen,

Drachen und Zauberer würde bestehen können. Dermaßen verfügte Hiiaka über *Mana*, nämlich außergewöhnliche Kräfte, die sich auf verschiedenartige Weise zeigen konnten und mit deren Hilfe sie Notsituationen meistern konnte.

Mit dieser Gewissheit bereitete sich Hiiaka auf die Reise vor. Indes war Peles Ungeduld dermaßen groß, dass sie Hiiaka drängte, so bald wie möglich aufzubrechen. Hiiaka unterbrach ihre Vorbereitungen, nahm bloß einen wundersamen Rock mit, der über die Kraft verfügte, dem Tod zu widerstehen. Ohne für ausreichend Nahrung und Kleidung vorgesorgt zu haben, machte sich Hiiaka auf den Weg.

Begleitet wurde sie von Pau-o-palai, einer Göttin von magischen Fähigkeiten, die mit allen Arten von Farnen vertraut war und deren verborgene Mächte beherrschte. Während Pau-o-palai nicht die gesamte Reise mitmachen würde, sondern eine Rast einlegen sollte, um sich Hiiaka später wieder anzuschließen, sollte die Halbgöttin Wahine-omao nicht von der Seite Hiiakas weichen und sich als treue Dienerin erweisen.

Schweren Herzens verabschiedete sich Hiiaka von Hopoe. Als sie einander umarmten und innig küssten, stiegen über dem Vulkan Rauchwolken empor, was Hiiaka als böses Omen deutete. »Ich werde viele Hindernisse bewältigen müssen, aber stets wird mein Auge auf dich gerichtet sein, wo immer ich auch sein mag.« Hiiaka spürte ihre Kräfte wachsen und war bereit, allen Gefahren zu trotzen.

Hiiaka war noch nicht lange unterwegs, da keimten in Pele bereits Misstrauen und Eifersucht gegenüber ihrer Schwester auf, aber sie hielt sich zurück, spuckte bloß Rauchwolken aus ihrem Krater. Immerhin hatte sie mit Hiiaka ein Abkommen geschlossen, jedoch ihre Ungeduld wuchs von Tag zu Tag.

Nachdem vierzig Tage verstrichen waren und Hiiaka noch nicht zurückgekehrt war, sah Pele keinen Grund mehr, sich zu beherrschen. »Du hast unseren Vertrag gebrochen und dich nicht an mein Gebot gehalten«, sandte sie ihre Botschaft über das Meer zu Hiiaka. Rauch verdunkelte die Wälder. Hiiaka sah, wie sich schwarze Lava ausbreitete und sich in Richtung der Küste ergoss, wo Hopoe wohnte. Von der weit entfernten Insel Kauai beobachtete Hiiaka Peles Untreue.

Immer gewaltiger wurden die Lavaströme und vernichteten Hiiakas Hibiskusgarten, den sie so sehr liebte. Erdbeben erschütterten das Land rund um den Vulkan.

Für Hopoe gab es kein Entrinnen, ihr galt Peles Zorn. Mit ihrer Lava versperrte sie Hopoe jeglichen Fluchtweg, umklammerte ihr Heim von allen Seiten. Hinaus auf das Meer konnte sie nicht entkommen, da sie über kein Kanu verfügte. Zu schwimmen würde ihr Ende bloß verzögern. Hopoe erwartete den Tod. Sie legte jene Blumengirlanden, die Hiiaka am meisten gemocht hatte, über ihren Kopf und ihre Schultern und tanzte den Hula des Todes, während die Lava ihren Körper wie ein Mantel umfasste. Hopoe tanzte, bis sie völlig in Lava gehüllt und zu Stein geworden war.

Immer, wenn der Wind oder eine Hand an seinem labilen Gleichgewicht rührte, tanzte dieser Stein aus schwarzer Lava. Zur Erinnerung an Hiiakas Lebensgefährtin trug er den Namen Hopoe.

Hiiakas Kampf mit den Dämonen

Hiiakas weite Reise nach Kauai hatte kaum begonnen, als sie und ihre Begleiterin Pau-o-palai, die Göttin der Farne, einem Dämon begegneten. Denn auf den schönsten Plätzen des Waldes, in unwegsamen Schluchten, tiefen Teichen oder seichten Flüssen lebten zahlreiche Dämonen.

Pana-ewa war ein Reptilienmensch, der alle Wege durch den Wald kontrollierte und jeden Fremden argwöhnisch beobachtete, um ihn dann gefangen zu nehmen oder gar zu fressen. Manchen gewährte er die Durchreise, während er andere mit Nebel, Regen oder Wind malträtierte, bis sie von ihrem Weg abkamen. Pana-ewa war überaus mächtig und herrschte über alle üblen Kräfte des Waldes. Jene bösen Geister, die Wurzeln um die Füße eines Wanderers legten, sodass er über einen Stein stolperte oder in eine Grube stürzte, waren seine Diener. Augenblicklich konnte Pana-ewa sein Äußeres verwandeln. Wer um die Macht von Pana-ewa wusste, brachte *Awa* zum Trinken, *Taro*-Wurzeln und Fische zum Essen, *Kapa* für die Herstellung von Matten und Kleidern mit. Damit konnte man sich freien Durchgang erkaufen.

Als Hiiaka den Wald betrat, warf sie ihre Farnkleider von sich und zeigte ihre wunderschöne Gestalt. Zwei winzige Vögel umkreisten sie. Schnell wie der Blitz gaben sie über jeden Kunde, der in das Reich von Pana-ewa eindrang. »Das ist die Frau aus dem Krater«, meldete der eine und der andere antwortete: »Sie ist nicht annähernd so mächtig wie Pana-ewa.«

Hiiaka hörte die Stimmen der Vögel und lachte. Ihre Absicht war, Pana-ewa zu ärgern. Sie sang ein Lied, in dem sie ihn daran erinnerte, dass Pele mit ihrer Lava seine Wälder jederzeit niederbrennen könne. Kräftig drang ihre Stimme durch den Wald, damit Pana-ewa auch jedes Wort des Textes hörte.

»Du bist Hiiaka und ich werde dich verschlingen. Es gibt keine Möglichkeit, mir zu entkommen, denn ich verfüge über zahlreiche Körper.« Pana-ewa umschlang Hiiaka mit seinen Nebelarmen, würgte sie mit seiner Kälte und raubte ihr die Sicht. Hiiaka ergriff ihren Zauberrock und wischte den Nebel zur Seite, woraufhin Pana-ewa versuchte, Hiiaka und ihre Begleiterin mit gewaltigen Sturmböen umzuwerfen. Heftige Regengüsse peitschten auf sie nieder, die wie Nadeln auf der Haut schmerzten. Nur langsam kamen sie vorwärts. Um die Beine von Pau-o-palai schlangen sich Wurzeln und hielten sie fest, sodass sie keinen Schritt weiterkam. Obwohl Pau-o-palai Macht über Pflanzen und Farne besaß, scheiterte ihre Magie bei den Untertanen von Pana-ewa. »Halte deinen Mantel fest«, warnte Hiiaka ihre Gefährtin. Zweige schlugen auf sie ein. Die Vögel pickten mit ihren Schnäbeln in die Haut und versuchten, auch die Augen zu erreichen.

Mit ihrem Zauberrock, dem die Fähigkeit innewohnte, Blitze aus den Falten zu senden, wehrte sich Hiiaka gegen die *Mo-o*-Drachen und halbgöttlichen *Kupua*-Wesen, die meisten missgestaltet, jedoch mit übernatürlichen Begabungen ausgestattet. Am gemeinsten waren die *Eepa*-Gnome. »Meine Kräfte sind erschöpft«, wimmerte Hiiakas Begleiterin. Auch Hiiaka war ermattet und konnte kaum noch ihre Arme heben, um sich ihres Zauberrocks zu bedienen.

In ihrer Bedrängnis sprach sie eine Beschwörung, mit der sie Peles Hilfe erbat gegen diese hinterhältigen Kobolde. Pele hörte die Stimme ihrer Schwester und sandte Blitze gegen Pana-ewa und die Streitmacht seiner Gnome und Gespenster. Gegen diese Waffe waren Pana-ewas Krieger wehrlos.

Inzwischen war Hiiaka wieder zu Kräften gekommen und schwang ihren Zauberrock, aus dem Blitze auf ihre Gegner zischten. Sobald einer von Pana-ewas Untertanen von einem Blitz getroffen wurde, fiel er um und blieb liegen, als würde er schlafen. »Unsere Leute sind müde vom Kampf gegen Hiiaka und ruhen«, riefen jene beiden Vögel, die Pana-ewas Reich bewachten. Indes musste Pana-ewa erkennen, dass sie tot waren, obwohl sie keinerlei Verletzungen aufwiesen. »Wie sind sie getötet worden?«, fragte Pana-ewa. Die Vögel sangen: »Wir sahen Hiiakas Rock sich vor und zurück, sich hin und her bewegen.«

Hatte Pana-ewa gegen Hiiaka mit eisigen Stürmen gekämpft, konterte Pele mit vulkanischen Dämpfen. Vor den kochend heißen Wolken flüchte Pana-ewa aus seinem Wald und lief talwärts. Ein gewaltiger Sturzbach füllte plötzlich die Täler mit Wasser, sodass die Kupua-Gnome ins Meer gespült wurden. Pana-ewa wurde samt seiner Gefolgschaft von den Haien verschlungen.

Hiiaka begegnet Wahine-omao

Um von den Drachen und Dämonen des Waldes in Zukunft unbehelligt zu sein, zog Hiiaka es vor, ihre Reise nahe der Küste fortzusetzen, begleitet von ihrer Dienerin Pau-o-palai, der Göttin der Farne. »Ich höre das Grunzen eines Schweins, kann aber nicht erkennen, woher das Geräusch kommt, ob vom Meer oder vom Festland«, wunderte sich Pau-o-palai.

»Auch ich höre dieses Geräusch«, sagte Hiiaka. »Das ist das Schwein aus dem Meer, der grunzende, eckige Schweinefisch *Humu-humu-nuku-nuku-a-puaa*, jener Fisch, in den sich Kama-puaa verwandelt hat, als er vor Peles Lava floh. Andererseits grunzt aber auch ein Schwein vom Land her. Offenbar sind es zwei Schweine, die wir hören.«

Auf ihrem Weg genossen sie den angenehmen Schatten der Bäume, als sie einer attraktiven Frau begegneten, die ein kleines schwarzes Schwein und einen gestreiften, eckigen Fisch in ihren Armen hielt. Hiiaka grüßte die Fremde: »Ich umarme dich, Wahine-omao.«

»Woher kennst du meinen Namen, während du mir unbekannt bist?«, entgegnete die Frau. »Wie heißt ihr und wohin seid ihr unterwegs?«

»Ich bin Ku und meine Begleiterin heißt Ka. Vor uns liegt eine beschwerliche Reise über die Inseln und das Meer. Unser Ziel ist die Insel Kauai. Sodann werden wir wieder zur großen Hawaii-Insel zurückkehren.«

Wahine-omao blickte lange in die Augen von Hiiaka und sagte: »In mir brennt eine heftige Sehnsucht, euch auf dieser Reise zu begleiten. Am liebsten würde ich mich euch sogleich anschließen, doch habe ich gelobt, dieses Schwein sowie den Fisch der Feuergöttin zu opfern.«

»Beeile dich«, sagte Hiiaka. »Wenn du entschlossen bist, mit uns zu kommen, bringe deine Opfergabe zu Peles Vulkan. Dann folge uns. Du wirst uns finden. Wirf das Schwein in den Krater und kehre unverzüglich um. Sprich auf deinem Weg ständig: O Ku! O Ka! O Ku! O Ka! – So lange, bis du uns erreicht hast.«

»Gewiss werde ich mich deiner Worte entsinnen. Du bist ebenso anmutig wie mächtig, sodass ich vermute, du bist Pele. Nimm auf der Stelle mein Schwein als Gabe.« Wahine-omao warf sich mitsamt ihrem Opfer vor Hiiaka auf den Boden.

»Erhebe dich«, befahl Hiiaka, »dein Opfer muss an jenem Ort dargebracht werden, wie du es versprochen hast.«

Wahine-omao ergriff das Schwein sowie den Schweinefisch und ging zu Peles Krater. Eine ungeahnte Kraft erfasste sie. Mühelos erreichte sie den höchsten Punkt des Vulkans, als wäre das Gewicht ihres Körpers geringer geworden. Zu ihren Füßen lag die gewaltige Fläche brodelnder Lava, umschlossen von schwarzen Steilhängen. Zu Ehren Peles sang sie ein Lied: »Hier ist mein Opfer, mein Geschenk, ein Schwein für dich, Göttin der brennenden Steine, lebe für mich, nimm mein Schwein.«

Sie beugte sich vornüber, warf das schwarze Schwein sowie den Fisch in den Abgrund und vergewisserte sich, dass ihr Opfer angekommen war. Flammen griffen nach dem Geschenk und zerrten es unter die rote Oberfläche. Einen Augenblick lang zischte eine Lavafontäne hinauf und hob den Körper des Schweins empor. Dann verschlang ihn das Feuer. Pele hatte das Opfer angenommen. Damit hatte Wahine-omao ihr Gelübde erfüllt und war nunmehr frei, eigenen Wünschen zu gehorchen.

Mit einem Mal erhob sich eine alte Frau aus dem Krater. Pele, eifersüchtig und verärgert wegen Hiiaka, rief aus ihrem Feuerloch: »Wahine-omao, bist du zwei Reisenden begegnet? Ziehe mit ihnen und berichte mir von ihrem Treiben.«

»Zwar habe ich dir meine Gaben geopfert, aber ich bin nicht deine Spionin.« Wütend wegen Peles Ansinnen fuhr Wahine-omao fort: »Ich hatte gedacht, du bist eine hübsche Frau, geschmückt vom Glanz des Feuers, doch du bist verhärmt und alt. Deine Augen sind rot, deine Haare und Augenbrauen sind verbrannt, versengt deine Augenlider.« Wahine-omao wandte sich ab von Pele und verließ den Krater. Ständig murmelte sie vor sich hin: »O Ku! O Ka!« Als würde eine schnell dahingleitende Wolke ihre Füße erfassen, befand sie sich nach kurzer Zeit an der Seite von Hiiaka. Zu dritt setzten sie ihren Weg fort, als sie zu einem Hain mit Hibiskusbäumen gelangten. Wahine-omao ersuchte ihre neue Freundin Hiiaka, eine Weile an diesem Ort zu verweilen, der einst die Heimat ihres Vaters gewesen war, denn sie wollte seiner gedenken.

Hiiaka zögerte: »Ich mag mich hier nicht aufhalten, weil meine Gedanken sind hier jemandem sehr nahe, näher als irgendwem sonst.« Tränen rannen über Hiiakas Wangen, wenn sie an Hopoe dachte.

»Warum weinst du?«, fragte Wahine-omao.

»Ich weine wegen meiner Freundin Hopoe, die dem Zorn von Pele ausgeliefert ist. Denn ich fürchte, meine Schwester wird sich nicht an unser Abkommen halten. Meine Nase ist noch erfüllt vom Duft ihrer Blumenketten und den Blüten ihres Körpers.«

Wahine-omao sagte: »Ich habe von ihr gehört. Sobald man in ihre Augen blickt, ziehen sie einen an, weshalb sie auch Nana-huki genannt wird.«

»Du hast zwar Recht«, bestätigte Hiiaka, »aber für mich bleibt sie Hopoe, denn der Name drückt aus, jemanden umschlossen zu halten mit Blumenketten, Schwüren oder liebevollen Armen.« Hiiaka sandte zärtliche Gefühle über Wälder und Lavafelder zu ihrer Geliebten, obwohl sich ihr Herz nach und nach einer neuen Freundin öffnete, die ihr treu und herzlich auf ihrer ereignisvollen Reise zur Seite stehen sollte.

Hiiaka zwingt einen Geist zurück in seinen Körper

Hiiaka, ihre neue Freundin Wahine-omao und die Farngöttin Pau-o-palai näherten sich einer Hütte, vor deren Tür zwei Mädchen auf einer Matte lagen. Sobald die Mädchen jene fremden Frauen erblickten, offerierten sie ihnen ihre Gastfreundschaft: »Seid uns als Gäste willkommen! Ruht euch aus von euren Strapazen. Esst von unseren getrockneten Fischen und langt in den Topf mit köstlichem *Poi*-Brei.« Mehr besaßen die Mädchen nicht, doch was sie besaßen, boten sie bereitwillig an.

Hiiaka bedankte sich herzlich für die Einladung. »Eine von uns wird sich bei euch sättigen. Wir beide sind hingegen nicht hungrig.« Wie alle Menschen benötigte Wahine-omao Nahrung, da sie nicht über göttliche Fähigkeiten verfügte.

Während Wahine-omao aß, fiel ihr auf, dass irgendetwas den Mädchen große Sorge bereitete. »Unser Vater ist letzte Nacht zum Fischen aufs Meer hinausgefahren und nicht wieder heimgekehrt. Wir befürchten, dass ihm etwas zugestoßen ist.«

Hiiaka hörte dies und wandte ihren Blick auf das Meer. Dort sah sie den Geist eines Mannes, der eine Fischreuse in seinen Händen hielt. Sie ermahnte die Mädchen, genau zuzuhören und ihre Anweisungen zu befolgen: »Ihr dürft weder weinen noch klagen. Euer Vater ist ertrunken, als sein Kanu sich mit Wasser gefüllt hatte. Die Wellen spülten den Körper auf ein

Riff, wo er nun liegt. Ich werde seinen Geist fangen und ihn dorthin bringen, wo sein Zuhause war. Gestattet niemandem zu essen, bevor ich meine Arbeit vollendet habe.«

Wieder blickte Hiiaka auf das Meer. Unruhig wanderte der Geist umher, die Fischreuse über seiner Schulter. Weder wollte der Geist des Fischers zurück in seinen Körper, noch wagte er sich in die Nähe seiner Hütte, solange sich dort Fremde aufhielten. Hiiaka erwischte ihn, als er in den Wald zu entkommen versuchte. Sie scheuchte den Geist vor sich her und nötigte ihn zur Umkehr. Sobald Hiiaka ihn durch die Tür in die Hütte gedrängt hatte, kamen seine Töchter herbei, die dachten, ihr Vater sei heimgekehrt. »Dies ist nicht euer Vater, sondern der Geist eures Vaters. Wenn sich die Farben eines Regenbogens über euer Haus wölben, ist es mir gelungen, den Geist zurück in seinen Körper zu zwingen, dann ist euer Vater am Leben. Fällt dagegen heftiger Regen, könnt ihr eure Tränen fließen lassen, um den Tod eures Vaters zu beklagen.«

Als Hiiaka einen Augenblick unaufmerksam war, entkam der Geist und flüchtete ans Ufer des Meeres, wo er sich an einem steil abfallenden Riff verbarg. Ganz in der Nähe lag der tote Körper des Fischers, zerschunden von scharfen Klippen, das Gesicht von Aalen zerbissen. Hiiaka folgte dem Geist, fing ihn und hielt ihn fest.

Um den toten Körper auf den Wiedereintritt seines entfleuchten Geistes vorzubereiten, wusch sie ihn sorgfältig mit Meerwasser. Als Mitglied der Pele-Familie verfügte Hiiaka über die Macht, einen toten Körper wieder mit seinem Geist in Einklang zu bringen. Sie nötigte den Geist dorthin zurück, wo sein Körper lag, und befahl ihm einzutreten. Jedoch der Geist des Fischers meinte, seine Existenz wäre angenehmer, könnte er so wie jetzt frei und für sich allein umherstreifen.

Neuerlich versuchte er zu entfliehen.

Hiiaka kommandierte den Geist zurück in seinen Körper: »Tritt ein an der Spitze der Zehen!« Wieder und wieder schlug sie gegen die Fußsohlen, aber der Geist war widerspenstig und wollte sich nicht hineinzwängen lassen, sondern suchte nach einer Gelegenheit zu entweichen. Während Hiiaka eine Beschwörung murmelte, hieb sie auf die Füße und Gliedmaßen des toten Körpers. Verbissen kämpfte sie gegen den Geist und hatte ihn bereits gezwungen, bis hinauf zu den Lenden zu kriechen. Obwohl er sich heftig wehrte, musste er sich den ständigen Schlägen fügen und weiter in den Körper eindringen. Bald war der Geist bis zur Brust vorgedrungen.

Hiiaka goss frisches Wasser über den Körper, sodann über die Augen, das Gesicht. Mit einem Lied rief sie nach dem Geschenk des Lebens. Der Geist kroch hinauf zu den Augen und zum Mund; würgende Geräusche waren zu hören. Langsam öffneten und schlossen sich die Augen, die Lippen bewegten sich und allmählich kam der Atem zurück. Nun war der Geist wieder völlig mit dem Körper vereint.

Aus dem Extrakt bestimmter Pflanzen bereitete Hiiaka mit Hilfe der Farngöttin Pau-o-palai eine Tinktur, welche die Verletzungen, die ihm das scharfe Riff sowie die Bisse der Aale zugefügt hatten, rasch verheilen ließen. Danach fragte Hiiaka den Fischer, was ihm widerfahren sei. »Ein übermächtiger Halbgott ist in Form einer gewaltigen Welle über mein Boot hergefallen und hat es mit Wasser gefüllt. Ich habe das Wasser aus dem Boot geschöpft, aber eine geheimnisvolle Gewalt hat es in die Tiefe gezogen. Dann ist meine Erinnerung erloschen.«

Über die Hütte des Fischers wölbte sich ein satter Regenbogen. Jetzt wussten die Töchter, dass ihr Vater am Leben war, und ihre Freude war grenzenlos. Zwar war der Fischer noch ein wenig wackelig auf den Beinen, als er sich in Begleitung von Hiiaka auf den Weg zu seiner Hütte machte – dort angelangt aber gaben ihm eine ausgiebige Portion Poi sowie einige getrocknete Fische seine Kraft zurück.

Hiiaka und ihre beiden Begleiterinnen dankten den Töchtern des Fischers für ihre Gastfreundschaft und setzten ihre Reise fort.

Lohiau und Hiiaka

Etliche Zeit war verstrichen, seit Hiiaka zur Insel Kauai aufgebrochen war, um Peles Geliebten Lohiau zu holen und ihn dorthin zu geleiten, wo Peles Reich und Heimat lag. Hiiaka hatte
Drachen besiegt, hatte gegen böse Gnome und Elfen gekämpft,
war Geistern der Toten sowie Halbgöttern des Landes und des
Meeres begegnet. Nun näherte sie sich dem Ziel ihrer Reise, der
Insel Kauai.

Sie wurde mit allen Ehren empfangen und der regierende
Fürst veranstaltete ein Fest mit Hulatänzen und Spielen für
Hiiaka und ihre Begleiterinnen. »Ich sehe, dass Lohiau tot ist«,
sagte Hiiaka. »Sein Körper wurde gestohlen und ruht in einer
abgelegenen Höhle, bewacht von Drachenfrauen, indes sein
Geist unstet umherirrt.« Hiiaka wandte sich an Lohiaus
Schwester und fragte nach der Ursache für Lohiaus Tod. »Mit
einem Mal verließ ihn sein Atem und der Körper wurde gelb.«

»Aber es gab keinen Grund zu sterben«, widersprach Hiiaka,
»vielmehr bemächtigten sich die beiden Drachenfrauen seines
Geistes. Ich werde versuchen, den Geist wieder mit seinem Körper zu vereinen, wiewohl die magische Kraft der Drachenfrau-
en enorm ist. Vielleicht werde ich den Kampf verlieren. Eure
Aufgabe ist es, ein Tabu zu befolgen, nämlich zwanzig Tage lang
zu ruhen. Weder dürft ihr die Berge aufsuchen noch das Ufer
des Meeres.« Hiiaka forderte den Häuptling auf, die Tänze und
Spiele sofort zu beenden. »Errichtet eine Hütte aus *Ti*-Blättern
für den toten Körper und achtet darauf, dass sie an allen Seiten

dicht ist, abgesehen von einer Tür, die nach Osten weist.« Sodann trat Hiiaka mit dem Geist in Kontakt und versprach, ihm ein neues Leben zu geben.

In der Morgendämmerung brachen Hiiaka, Pau-o-palai und Wahine-omao auf zu der Höhle, wo Lihaus Körper lag. Regen fiel in Strömen und dichter Nebel umhüllte die Gegend. Bei Sonnenaufgang wurden sie von einem gewaltigen Sturm überrascht. Es war eine beschwerliche Wanderung, sodass Hiiaka eine Beschwörung sprach. »Wir werden die Wächter überwältigen«, ermunterte Wahine-omao die Freundin. »Du wirst den Geist zwingen, in seinen Körper zurückzukehren.«

»Keinen Schritt weiter!« Die Drachenfrauen drohten: »Wenn ihr unserem Befehl nicht gehorcht, werden wir euch töten.« Da Hiiaka und ihre Begleiterinnen dennoch weitergingen, wurden sie von einem Steinhagel attackiert. Ein großer Brocken traf Hiiaka an der Brust und warf sie zu Boden. Sie raffte sich hoch und griff nach ihrem magischen Rock. Leise vernahm Hiiaka die Stimme von Lohiaus Geist, der ihre Hilfe erflehte.

Drachen sprangen auf Hiiaka und ihre Gefährtinnen, schlüpften in andere Gestalten und zerrten an ihren Körpern, bissen sie in Hals und Arme. Mit ihrem magischen Rock wehrte sich Hiiaka gegen die Angriffe der Drachen. »Sollte ich unterliegen«, sagte Hiiaka zu Wahine-omao, »bedecke meinen Körper mit Blättern und kehre mit dieser Nachricht zurück zur großen Hawaii-Insel.«

Pau-o-palai erkannte die Gefahr, in der sich Hiiaka befand. Sogleich mobilisierte die Farngöttin ihre Macht: Die Drachen wurden von Wurzeln und Ästen umschlungen, ihre Beine und Schwänze verstrickten sich in einem Gewirr rasant wachsender Triebe, die sich um ihre Köpfe und Gesichter flochten. Die Drachen versuchten, dem Labyrinth der wuchernden Zweige zu entkommen und sich von den Blättern zu befreien, die ihre Körper bedeckten. Pau-o-palai beschwor die Winde des Waldes und ersuchte sie, Hiiaka beizustehen.

Inzwischen war es Abend geworden und Hiiaka hörte die Stimme des Geistes: »Befreie mich, ich bin in einer Kokosnuss eingeschlossen.« Sie folgte dem Ruf des Geistes, bis sie sein Gefängnis entdeckte. Ein Regenbogen wölbte sich über die Kokosnuss. Behutsam ergriff Hiiaka die Nuss und platzierte sie neben Lohiaus Körper. »Hier liegt deine leblose Hülle, sei bereit, in dein Haus einzutreten.«

Die Diener der Farngöttin Pau-o-palai trugen den Körper in die für ihn vorbereitete Hütte. »Macht euch auf die Suche nach duftenden *Maile*-Blättern und Hibiskusblüten«, forderte Hiiaka. »Füllt sodann die Blätter und die Blüten in einen frisch ausgehöhlten Kürbis, wascht den Körper mit diesen Säften. Wenn meine Beschwörung nicht unterbrochen wird, erwacht Lohiau zu neuem Leben. Sollte hingegen die Beschwörung vier Mal unterbrochen werden, kehrt das Leben niemals mehr in den Körper zurück.«

Hiiaka bot dem Körper die Kokosnuss dar, in dem der Geist gefangen war. Zahlreich waren ihre Beschwörungsformeln zu Ehren der verschiedenen Götter. Gleichzeitig hieb sie auf die leblosen Füße und Glieder, während Wahine-omao den Körper abrieb. Nach jeder Litanei wurde der Körper auf rituelle Weise gewaschen. Dermaßen vergingen die Tage, bis Lohiaus Körper auf die Rückkehr seines Geistes vorbereitet war. Allmählich erwachte Lohiau zum Leben.

»Ich bin bereit, dir zu folgen«, erklang Lohiaus Stimme. »Wie du meinen Geist mit seinem Körper vereint hast, sollen sich nun auch unsere beiden Körper miteinander vereinigen.«

»Mit meiner Schwester Pele habe ich ein Abkommen geschlossen, dich weder zu berühren noch zu umarmen«, erwiderte Hiiaka. »Du hast dich mit meiner Schwester vermählt und ich werde meinen Auftrag erfüllen, dich zu ihr zu geleiten.«

Mehr als vierzig Tage waren vergangen, seit die feurige und ungestüme Pele ihre jüngere Schwester nach ihrem Liebhaber Lohiau gesandt hatte. Die zugestandene Frist war längst überzogen und noch war die Rückreise nicht bewältigt worden. Es kam zu weiteren Verzögerungen, da eine Meeresgöttin einen Sturm sandte und ein Haigott seinen Zorn gegen Hiiaka wandte. In ihrer Ruhelosigkeit hatte Pele das Land in der Umgebung des Vulkans Kilauea mit einem heftigen Erdbeben erschüttert und Lavafluten über den südlichen Teil der Insel ausgegossen, wodurch sie ihr feierliches Versprechen gegenüber Hiiaka gebrochen hatte. Mit ihrer Lava hatte sie Hiiakas Gefährtin Hopoe getötet und Hiiakas geliebte Gärten niedergebrannt.

Hiiaka hatte Peles Treiben beobachtet, dennoch hielt sie sich loyal an ihren Schwur und reiste mit Lohiau zurück zur großen Hawaii-Insel. Schließlich stand sie auf dem Gipfel des Vulkans Kilauea, blickte in die Tiefe des Kraters und besang ihrer aller Rückkehr.

Wahine-omao ging unterdessen zu Pele, um sie von der Rückkehr zu informieren, jedoch Pele weigerte sich, ihren Bericht anzuhören, beschuldigte vielmehr Hiiaka des Vertragsbruchs. »Ihr habt länger für eure Reise gebraucht, als vereinbart war«, schimpfte Pele, »deshalb werde ich dich zur Strafe als meine Gefangene in ein Feuerloch sperren.«

Als Hiiaka dies erfuhr, keimte in ihr ein maßloser Zorn: »Jeder Fremde ist mir näher als meine eigene Schwester!« Sie pflückte rote Hibiskusblüten und knüpfte daraus eine Kette, die sie Lohiau um den Hals hängte. Während der langen Reise hatte Lohiau mehrmals versucht, Hiiaka zu verführen, doch beharrlich hatte sie sich ihm verweigert. Nun war Hiiaka bereit, sich Lohiau hinzugeben. Sie schlang den Blütenkranz um ihn und ihre Arme um seinen Hals. Auch Lohiau verspürte keinen Rest eines Gefühls mehr für Pele. Hiiaka hatte ihr Gelübde erfüllt, wogegen Pele ihr Versprechen gebrochen hatte. Dadurch hatte Pele Lohiau für immer verloren.

Pele war maßlos in ihrer Eifersucht. Sie hetzte den Berg hinauf und schleuderte ihre Lava auf Lohiau, indes hielten Lohiau und Hiiaka einander fest umschlungen. Schwarze Lava erstarrte um seine Knie, Feuerfontänen trafen ihn, bis Lohiaus Körper vollständig von Lava umschlossen war. Sein Geist verließ den Körper und verbarg sich in der Krone eines Baumes. Hiiaka konnte die Lava nichts anhaben, denn sie war vertraut mit der Gewalt vulkanischen Feuers, wogegen Lohiau den Tod erlitt.

Lohiaus Tod trieb Hiiaka in den Wahnsinn. Sie hatte gegen die Eruptionen gekämpft, die Lava mit ihren Händen erfasst und sie in Stücke zerbrochen, um Lohiau zu retten. Nun wütete Hiiaka im Innersten des Kraters, schlug eine Bresche, damit das Wasser des Meeres eindringen konnte. Zischend begegneten einander Feuer und Wasser. Peles ältere Schwester, die Meeresgöttin Namaka-okahai, war sofort bereit, sich mit Hiiaka zu verbünden.

»Höre endlich meinen Bericht, um die Wahrheit zu erfahren«, rief Wahine-omao aus ihrem Gefängnis, »du befindest dich im Unrecht, Hiiaka war dir stets treu ergeben.« Sobald Wahine-omao mit ihrer Erzählung geendet hatte, wurde Pele derart von Schuldgefühlen und Selbstvorwürfen geplagt, dass sie Hiiaka das Recht gewährte, den versteinerten Körper Lohiaus wieder zum Leben zu erwecken.

Wahine-omao überbrachte Hiiaka diese Botschaft, doch diese wollte nichts sehen oder hören, hielt sich verschlossen. Mit ihren bloßen Händen grub sie in der Erde, um Lohiaus Geist irgendwo zu begegnen, bis Blut aus ihren Fingern tropfte. Sanft sang Wahine-omao für die Trauernde ein Lied, um ihre Freundin mit neuer Lebensfreude zu erfüllen. »Lohiaus Geist wird seinen Körper wieder finden, wenn du durch das Land der Geister wanderst.«

Die Suche nach Lohiaus Geist erwies sich als mühevoll, allzu gut hatte er sich verborgen. Ein Regenbogen wies schließlich den Weg. Als der Geist endlich gefunden wurde, befreite Wahine-omao den Körper von der Lava. Ein weiteres Mal erweckte Hiiaka Lohiau zu neuem Leben.

Hiiaka und Lohiau zogen als Herrscherpaar auf die Insel Kauai, wo sie lebten, bis der Tod endgültig zu Lohiau kam. Danach kehrte Hiiaka zurück in den Krater von Pele. Wahine-omao heiratete Peles Bruder Lono-makua, der den Funken des vulkanischen Feuers in sich trug.

Das Wasser
des Lebens

Der kranke König mit den drei Söhnen

Die Hawaiianer glaubten, dass auf dem Grund des Meeres, jenseits des Horizonts ihrer Inseln oder irgendwo in den Wolken über dem Himmel ihrer Berge ein Land existiere. Dieses Land nannten sie »Land des Lebenswassers der Götter«. Dort, so meinten sie, befände sich der See des Lebenswassers, mit dessen Kraft sich Leben zurückgewinnen ließe. Dieses Wasser wurde als Ka-wai-ola-a-Kane bezeichnet, als »Wasser des Lebens von Kane«.

Kane war einer der vier großen Götter der Hawaiianer. In seiner Hand lag die Macht über das Lebenswasser. Wenn es jemandem gelang, sich dieses Wasser zu beschaffen, ging die göttliche Kraft auf ihn über. Ein Kranker, der von dem Wasser trank, erlangte seine Gesundheit wieder, ebenso wie ein Toter, der mit dem Wasser besprenkelt wurde, zu neuem Leben erwachte.

Ein König wurde von einer schweren Krankheit erfasst. Man befürchtete, er würde sterben, sodass sich die Angehörigen am Lager des Kranken zusammenfanden. Seine drei Söhne weinten und jammerten heftig.

Da kam ein alter Mann des Weges und fragte nach dem Grund ihrer Trauer. Einer der Söhne erwiderte: »In diesem Haus liegt unser Vater im Sterben.« Der fremde Alte blickte bei der Tür herein und sagte bedächtig: »Ich habe gehört, dass es etwas gibt, das euren Vater wieder gesund macht. Er muss vom

Lebenswasser des Gottes Kane trinken, aber es ist überaus schwer zu finden.«

Als der Fremde gegangen war, sagte der älteste Sohn: »Mir wird es gelingen, dieses Lebenswasser aufzutreiben.« Er dachte, dass er auf diese Weise die Gunst des Vaters erringen und dessen Königreich übernehmen könne. Der Sohn stellte sich ans Bett seines Vaters, um die Erlaubnis zu erbitten, das Lebenswasser zu suchen.

Der alte König sagte: »Es bedarf vieler Prüfungen, womöglich begleitet dich der Tod auf diesem Weg.« Dennoch bat der Prinz seinen Vater, ihn ziehen zu lassen. Zögernd gab der König seine Einwilligung.

Der Prinz nahm seine Wasserkalebasse und eilte davon. Auf seinem Weg durch den Wald traf er einen hässlichen Zwerg, der ihn fragte: »Wohin gehst du, dass du so große Eile hast?« Schroff antwortete der Prinz: »Was kümmert es dich! Ich habe nicht die Absicht, Rechenschaft abzulegen.« Mit diesen Worten schob er den kleinen Mann zur Seite und lief weiter.

Über das Verhalten des jungen Mannes war der Zwerg sehr verärgert und er beschloss, den unfreundlichen Passanten zu bestrafen. Also machte er den Weg verwinkelter und verschlungener, ließ ihn enger und unzugänglicher werden vor dem Wanderer. Je weiter der Prinz in den Wald eindrang, desto langsamer kam er vorwärts. Immer dichter standen Bäume, Sträucher und Farne. Der Prinz stürzte zu Boden, kämpfte sich mühsam durch die ineinander verflochtenen Farne und herabhängenden Zweige im Land der Feen und Gnome. Sie wanden sich um seinen Körper und banden ihre wuchernden Schlingen um ihn, bis er regungslos darniederlag wie ein Toter.

Lange Zeit wartete die Familie auf die Rückkehr des ältesten Sohnes, bis man zu der Annahme gelangte, dass er in Schwierigkeiten geraten sei. Nun würde er losziehen und das Lebenswasser suchen, erklärte der zweite Sohn. Sogleich packte er seine Kalebasse und nahm jenen Weg, den sein Bruder eingeschlagen hatte. Seine Absichten waren genauso egoistisch wie die seines Bruders, doch war er überzeugt davon, erfolgreicher zu sein und selbst die Herrschaft über das Königreich zu erringen.

Auf seinem Weg traf er denselben kleinen Mann – der als König über das Feenreich herrschte, obwohl er in der Gestalt eines Zwerges erschien. Der kleine Mann rief: »Wohin so eilig?«

Der Prinz antwortete ebenso unwirsch wie zuvor sein Bruder, ließ den Zwerg stehen und hastete weiter. Bald wurde er vom Gestrüpp des Waldes festgehalten und gefangen, als wäre er tot.

Schlussendlich ergriff der jüngste Sohn seine Wasserkalebasse und ging davon. Er wünschte, er könne seine Brüder finden und gleichzeitig für seinen Vater das Lebenswasser besorgen. Auch er begegnete dem kleinen Mann, der ihn fragte, wohin er gehe. Da erzählte er dem Zwerg von des Königs Krankheit und von dem Bericht über das Lebenswasser und er fragte ihn, ob er ihm in irgendeiner Weise helfen könne. »Denn mein Vater ist dem Tod nahe«, sagte der Prinz, »und das Lebenswasser von Kane würde ihn wieder gesund machen. Aber ich weiß nicht, welche Route ich einschlagen soll.«

Der kleine Mann erwiderte: »Weil du freundlich zu mir gesprochen und meine Hilfe erbeten hast und nicht so abweisend und unfreundlich warst wie deine Brüder, werde ich dir den Weg weisen und dir beistehen. Nimm diesen Stock, dadurch wird sich dir ein Pfad öffnen und du erreichst den Palast eines Königs. Dieser ist ein einflussreicher Zauberer. Im Inneren seines Palastes befindet sich der Brunnen des Lebenswassers. Du gelangst allerdings nicht hinein, außer du verfügst über drei Körbe mit Speisen, die ich dir mitgeben werde. Nimm das Essen in die eine Hand und den machtvollen Stock in die andere. Klopfe drei Mal mit deinem Stock an das Tor und es wird dir geöffnet. Du wirst zwei Drachen erblicken, die ihre Mäuler aufsperren, um dich zu verschlingen. Wirf schnell die Speisen in ihre Mäuler und sie werden sich beruhigen. Lasse dich nicht ablenken, sondern fülle deine Kalebasse mit dem Lebenswasser und verlasse schleunigst den Palast. Denn um Mitternacht wird das Tor geschlossen und du kannst nicht mehr entkommen.«

Der Prinz dankte dem kleinen Mann, nahm die Geschenke und ging erfreut davon. Nach langem Wandern kam er in das unbekannte Land und erreichte den Palast des Gottes Kane. Drei Mal schlug er mit seinem Stock an die Mauer, dann gab sie nach und eine Öffnung tat sich auf. Schon wollten sich die Drachen auf ihn stürzen, doch er warf die Speisen in ihre Mäuler, wodurch sie sich beruhigten und ihn unbehelligt ließen. Einige junge Prinzen hießen ihn willkommen und überreichten ihm eine Kriegskeule sowie einen Korb voll schmackhafter Köstlichkeiten. Er dankte und ging weiter.

Im nächsten Raum entdeckte der Prinz eine hübsche Maid, in die er sich augenblicklich verliebte. Während sie ihm in die Augen blickte, sagte sie: »Wir werden einander später wieder begegnen und als Mann und Frau leben.« Sie zeigte ihm, wo er das Lebenswasser bekommen würde, warnte ihn allerdings vor allzu großer Hast. Indes tauchte er eilig seine Kalebasse in den Brunnen und schlüpfte durch das Tor, als es gerade Mitternacht schlug.

Überglücklich durchstreifte er Länder und Meere auf der Suche nach dem Zwerg, der ihm so sehr geholfen hatte. Als ob der kleine Mann von seiner Absicht wüsste, erschien er und erkundigte sich, wie es ihm auf seiner Reise ergangen sei. Der Prinz erzählte von seiner langen Wanderung sowie seinem Erfolg und beharrte darauf, dass er für all die Hilfe bezahlen wolle, so gut er könne.

Entschieden wies der Zwerg jede Belohnung zurück. »Dennoch bin ich so keck«, sagte der Prinz, »dich um einen weiteren Gefallen zu bitten.« Der kleine Mann antwortete: »Du warst so freundlich zu mir, was dich sehr ehrt, deshalb äußere dein Ansinnen, vielleicht kann ich dir geben, was du dir wünschst.«

Da sprach der Prinz: »Ich möchte nicht zurückkehren ohne meine Brüder. Kannst du mir helfen, sie zu finden?«

»Beide liegen tot im Wald«, sagte der Zwerg. »Lass sie in ihren Betten aus Zweigen und Farnen liegen, denn sobald du sie entdeckst, werden sie dir bloß Böses antun. Glaube mir, sie sind egoistisch und hartherzig.«

Dennoch beharrte der junge Prinz auf seiner Bitte und offenbarte seine wohlwollenden Gefühle, sodass der Zwerg ihm den verschlungenen Pfad durch den Wald wies. »Dein Zauberstock öffnet dir den Weg.« Und tatsächlich fand er seine beiden Brüder. Der junge Prinz besprenkelte deren Körper mit einigen Tropfen des Lebenswassers. Sogleich kehrten ihre Lebensgeister zurück. »Wie hast du das Lebenswasser von Kane gefunden?« Die Brüder waren begierig, Näheres zu erfahren. Bereitwillig berichtete der Prinz von seinen Erlebnissen. »Wenn du bloß ein wenig von dem Lebenswasser für uns erübrigen könntest, beschenken wir dich mit wunderbaren Dingen. Sogar eine sagenhaft schöne Braut besorgen wir für dich.« Entschieden lehnte der Prinz diesen Handel ab. Allmählich vergaßen die Brüder ihren langen, todesähnlichen Schlaf und waren eifersüchtig auf die Leistung ihres jüngeren Bruders.

Lange reisten die drei Brüder umher. Sie gelangten in ein Land, dessen König gegen ein Heer von Rebellen kämpfte. Das Land war verkommen und die Menschen hungerten. Der junge Prinz hatte ebenso Mitleid mit dem König wie mit seinen Untertanen. Spontan überließ er ihm einen Teil von dem Korb mit jenen Köstlichkeiten, die er im Palast des Gottes Kane erhalten hatte. Nachdem der König und seine Getreuen davon gegessen hatten, erlangten sie ihre Kräfte wieder, sodass der Hunger besiegt werden konnte und die Rebellen keinen Grund mehr hatten, den König zu bekämpfen. Dermaßen kehrten Ruhe und Frieden in dem Land ein.

Endlich erreichten die drei Brüdern die Gestade ihrer Heimat. Ermattet von der schier endlosen Reise, ruhten sie ein wenig aus. Bald nahm der Schlaf den Jüngsten in seine Arme. Die beiden älteren Brüder hingegen hielten einander wach und kamen zu dem Schluss, dass nunmehr keinerlei Schwierigkeiten mehr zu erwarten seien, zu deren Bewältigung sie die wunderbare Hilfe ihres Bruders benötigen würden. Ihr erster Gedanke war, ihn zu töten, indes schien seine Zauberkeule ihn zu beschützen. Sie beschlossen, das Lebenswasser in ihre eigenen Kalebassen zu füllen und brackiges Meerwasser in die Kalebasse ihres Bruders zu schütten.

Am nächsten Morgen erreichten sie das Haus des Vaters. Der junge Prinz ging voraus, um seine Kalebasse dem Vater zu übergeben, damit er daraus trinken möge, um zu genesen. Der König nahm einen tiefen Schluck, doch das Salzwasser machte ihn noch kränker, fast wäre er daran gestorben. »Geliebter Vater, wir möchten nicht, dass du stirbst, nimm einen Schluck aus einer unserer Kalebassen.« Die beiden älteren Brüder präsentierten dem Vater das wahre Lebenswasser. Indem der kranke König von dem Wasser trank, wurde er wieder kräftig wie in den Tagen seiner Jugend. »Unser jüngster Bruder wollte dich vergiften, um dein Erbe anzutreten.«

Der König wurde ungemein zornig auf seinen jüngsten Sohn. »Ich werde dich für deine Tat zwar nicht töten, wie du es verdient hättest, aber deinen Anblick will ich keinen Moment länger ertragen. Deshalb wirst du in den unwegsamsten Wald verbannt. Dort magst du dein Leben fristen.«

Ein Offizier, der sich in den Wäldern bestens auskannte, erhielt den Befehl, den Prinzen in die Verbannung zu geleiten. »Ich mag nicht daran beteiligt sein, wie du in der Wildnis umkommst, denn ich bin dein Freund, deshalb führe ich dich an einen Ort, wo du unbehelligt leben kannst.«

Derweil kam jener König aus fernen Landen mit kostbaren Geschenken für den Prinzen, der ihm Frieden und Wohlstand geschenkt hatte. Welch außergewöhnlichen Sohn er habe, dem er seinen Dank ausdrücken möchte, äußerte der fremde König gegenüber dem Vater. Irritiert darüber, dass er eine falsche Entscheidung getroffen hatte, ließ der König jenen Offizier kommen, der seinen Sohn in den Wald begleitet hatte. »Suche nach meinem jüngsten Sohn und kehre nicht zurück mit der Nachricht seines Todes.« Der Offizier ging dorthin, wo er den Prinzen ausgesetzt hatte, und hoffte – nicht zuletzt um seiner selbst willen –, dass dieser nicht tot sei. Endlich fand er ihn. Unverzüglich brachte er den Prinzen zu seinem Vater.

Unterdessen hatte eine der schönsten Prinzessinnen überallhin ihre Botschaft ausgesandt, dass derjenige ihr Gemahl werden solle, der sich ihr nähern könne auf einer Linie, welche ihr Magier in der Luft gezogen hatte. Wer sich nach der einen oder anderen Seite umwandte, hätte verloren. Ein bestimmter Tag wurde für den Wettkampf festgelegt.

Jene Boten, die ausgeschwärmt waren, um mögliche Kandidaten zu finden, wussten auch, dass der jüngste Sohn des Königs aus seiner Verbannung zurückgekehrt war. Sobald sie den jungen Prinzen ausfindig gemacht hatten, informierten sie ihn über die Bedingungen des Wettstreits, in dem seine beiden Brüder übrigens schon kläglich gescheitert waren.

Schnellen Schrittes machte sich der Prinz auf den Weg in das Land des bezaubernden Mädchens. Indem er seinem Zauberstock gehorchte, wandte sich der Prinz geradewegs einem Tor zu, gegen das er drei Mal klopfte. »Folge deinem Gefühl«, murmelte sein magischer Stock, »dies ist jene Linie, an der du dich orientieren musst. Damit erfüllst du dieses Rätsel.« Der magische Stock pochte einen Akkord gegen die Pforte der Prinzessin. Der Prinz schwebte auf der Linie, die der Magier gezogen hatte. »Du hast meine Prüfung bestanden.« Jenes Mädchen, dem er im Palast des Lebenswassers begegnet war, flog in seine Arme. Unverzüglich sandte die Prinzessin ihre Diener aus, um zu verkünden, dass sie ihren Gatten gefunden hatte.

Die Brüder flohen in weit entlegene Länder und kamen niemals mehr zurück. Der Prinz und die Prinzessin wurden König und Königin und lebten in Glück und Frieden, indem sie ihr Königreich zum Wohle ihrer Bürger regierten.

Die Erschaffung des Menschen

Ku, Kane, Lono und Kanaloa waren die obersten Götter.

Von weit her waren sie gekommen, aus unbekannten Gebieten, und sie hatten unzählige Dämonen und Geister mitgebracht, die in Schluchten, Bäumen und Felsen hausten. Allesamt waren sie unsichtbar wie die Luft.

Ursprünglich war die Erde ein Flaschenkürbis, den eine Göttin geboren hatte. Die Götter spielten mit dem Kürbis und warfen den Deckel hoch. Daraus wurde der Himmel. Aus einem kräftigen Stück Fruchtfleisch gestalteten sie die Sonne. Dann nahmen sie einen anderen Patzen – daraus entstand der Mond. Aus den Samenkörnern des Kürbisses wuchsen die Sterne.

Irgendwann ließen sich die Götter auf einer kleinen Insel namens Mokapu nieder und planten, einen Menschen zu erschaffen, der über Tiere und Pflanzen herrschen sollte. Im Osten der Insel, nahe dem Meer, gab es eine Stelle, wo sich rote Erde mit schwarzem Humus mischte. Kane, der Herrscher über das Leben, kniete nieder und kratzte etwas davon zusammen. Daraus formte er die Gestalt eines Mannes.

Kanaloa spottete: »Ich werde eine bessere Form zustande bringen.« Jedoch – Kanaloas Figur besaß kein Leben. Worauf Kane ätzte: »Du hast eine Lehmskulptur gemacht, du solltest sie in einen Stein verwandeln.« Kane, der seine Macht dem

Leben widmete, hatte gelegentlich Streit mit Kanaloa, der sich mehr den Geistern der Toten verpflichtet fühlte.

Der Kriegsgott Ku hatte meist Verständnis für beide Standpunkte, weshalb er mitunter als Vermittler zwischen den beiden Göttern fungierte. Diesmal stand er mehr auf der Seite von Kane. Deshalb fing er einen Luftgeist und stopfte ihn in das Abbild, das Kane gestaltet hatte. Nachdem der Geist eingedrungen war, stellte sich Kane vor die Figur und murmelte: »Ich komme zu dir, erwache und lebe!«

Ku und Lono antworteten im Chor: »Erwache und lebe!«

Abermals beschwor Kane die Figur: »Ich komme, erwache und erhebe dich!« Und die beiden anderen fielen ein: »Erwache! Lebe und erhebe dich!« Da erhob sich die Figur – und aus dem Abbild wurde ein lebendiger Mensch mit einem wachen Geist. Sie nannten ihn Wela-ahi-lani-nui, was in unserer Sprache bedeutet: »Der große Himmel brennt heiß«, und sie sangen und tanzten, um die Geburt eines Königs anzuzeigen.

Die Götter nahmen den Menschen mit zu sich nach Hause und ernährten ihn. Als er kräftig genug geworden war, spazierte der Mensch in den göttlichen Wohnstätten umher, sah sich um und erkundete die Umgebung. Dabei bemerkte er eine dunkle Gestalt, die seinem Körper folgte. Sie folgte ihm, wenn er umherschlenderte, und sie ließ sich nieder, wenn er rastete. Der Mensch wunderte sich über diese Gestalt und gab ihr den Namen »Schatten«.

Als er eines Tages schlief, machten sich Ku, Kane und Lono an seinem Körper zu schaffen, öffneten ihn einen Spalt und Kane entnahm daraus eine Frau, Den Körper wieder zu schließen, überließ er Ku und Lono. Zufrieden stellte Kane fest: »Der Mann und die Frau sehen einander sehr ähnlich.«

Wela-ahi-lani-nui erwachte und neben ihm befand sich ein wunderbares Gegenüber. Er dachte: »Das ist jenes Ding an meiner Seite, das ich Schatten genannt habe. Die Götter haben meinen Schatten in dieses Wesen verwandelt.« Er nannte sein Spiegelbild Ke-aka-huli-lani und meinte damit: »Der von den Göttern verwandelte Schatten«. Der Mann und die Frau waren die Vorfahren der Hawaiianer und aller Menschen auf den Inseln im Ozean.

Maluae in der Unterwelt

Maluae war Bauer und lebte in einem Tal, in dem es reichlich Regen für seine Felder gab. Er kultivierte Bananen, *Taro* und Süßkartoffeln. Die Bananenbäume wuchsen an den Ufern der Bäche und brachten große Bündel von Früchten hervor. Seine Tarofelder waren von steinernen Umfassungen begrenzt, die verhinderten, dass das Wasser abfloss, in dem die Pflanzen wuchsen. Waren sie reif, wurden sie aus der Erde gezogen und man kochte die Wurzeln. Sie dienten zur Zubereitung von *Poi*. Die Süßkartoffeln wuchsen auf den trockeneren, höher gelegenen Feldern.

Derart verfügte Maluae über eine ausreichende Menge von Nahrungsmitteln, um sich und seine Familie zu versorgen. Nach jeder Ernte brachte er einen Teil davon in seinen Tempel, legte die Gaben auf einen Altar, um sie den Göttern Kane und Kanaloa zu opfern. Maluae liebte seinen Sohn Ka-alii sehr. Doch wie alle Kinder war Ka-alii leichtsinnig und übermütig.

Eines Tages spielte der Junge in der Nähe des Tempels, als ihm die Bananen auf dem Altar der Götter ins Auge sprangen. Ka-alii blickte um sich, ob ihn jemand beobachte. Da niemand zu sehen war, nahm er die Bananen und verspeiste eine nach der anderen.

Kane und Kanaloa bemerkten, dass die Gaben auf ihrem Altar nicht mehr vorhanden waren, irgendjemand musste sie entwendet haben. Darüber waren sie äußerst erbost. Als sie sahen, wie Ka-alii genüsslich ihre Bananen verzehrte, töteten sie ihn. Den leblosen Körper ließen sie unter einem Baum liegen, nahmen seine Seele heraus und schleuderten sie in die Unterwelt.

Der Vater hatte den ganzen Tag auf seinen Feldern gearbeitet. Müde ging er abends nach Hause. Sein Sohn Ka-alii war hingegen noch nicht heimgekehrt. Von Sorge erfasst, machte sich Maluae auf die Suche nach dem Jungen. Unter den Bäumen des Tempels fand er den toten Körper. In seinem Schmerz rief Maluae nach den Göttern: »Weshalb ist mein Sohn tot? Sagt mir, wer hat ihn getötet?«

»Wir haben Ka-alii dabei ertappt, wie er die Bananen gestohlen hat, die du uns geopfert hast, deshalb haben wir ihn bestraft und seinen Geist in die Unterwelt geschickt«, sprachen Kane und Kanaloa. Die Hand des toten Jungen hielt noch eine halbe Banane.

Maluae konnte seine Tränen nicht zurückhalten. Behutsam hüllte er den Körper in *Kapa*-Stoff, trug ihn in das »Haus der Ruhe« und bettete ihn auf die »Matte des Schlafs«. Er legte sich neben den Jungen und verweigerte jegliche Nahrung. »Möge mein Geist den Körper verlassen und Ka-alii dorthin folgen, wohin sein Geist gesandt worden ist, auf dass sich unsere beiden Geister in der Unterwelt wieder begegnen.«

Auf dem Altar der Götter deponierte Maluae fortan keine Gaben mehr. Auch sprach er keine Gebete. So verstrichen die Tage. Vergeblich erwarteten Kane und Kanaloa ein Opfer, doch Maluae verweigerte sich den Göttern. Weitere Tage und Nächte vergingen. Weder hatte Maluae gegessen noch getrunken, ersehnte vielmehr den Tod an der Seite seines Sohnes.

Kane sagte: »Maluae isst nichts mehr, bereitet kein *Awa* mehr für uns zum Trinken, kaum ist noch Wasser in seinem Körper, er ist nahe dem Tor zur Unterwelt. Wenn er stirbt, wird man uns die Schuld geben.«

»Er ist immer ein guter Mensch gewesen, doch nun hören

wir keine Gebete mehr. Wir haben einen Verehrer verloren«, erwiderte Kanaloa. »Morgens und abends huldigte uns Maluae mit seinen Beschwörungen, bot uns Früchte und Fische auf unserem Altar dar, hatte immer *Awa* zubereitet aus dem Saft der gelben Awawurzel, um uns zu trinken zu geben.«

»Wir haben ihn nicht gut behandelt«, bemerkte Kane.

»Du hast Recht«, stimmte Kanaloa zu, »wir waren allzu voreilig in unserem Zorn, als wir Ka-alii töteten.« Die Götter entschieden, dem Geist des Vaters zu gestatten, in das dunkle Land Po zu steigen, damit er Ka-aliis Geist zurück unter die Lebenden holen könne. Sie suchten Maluae auf und erklärten ihm, dass es ihnen Leid täte, was sie getan hatten.

Geschwächt von Hunger und Durst, ersehnte Maluae den Tod, kaum vermochte er die Worte der Götter wahrzunehmen. »Hast du deinen Sohn geliebt?«, fragte Kane. »Meine Liebe kennt keine Grenzen«, flüsterte Maluae.

»Magst du hinuntergehen in das dunkle Land des Todes und die Seele deines Sohnes holen, um sie wieder mit dem Körper zu vereinen, der neben dir liegt?«

»Gern will ich sterben«, sagte der Vater, »um mit meinem Sohn zusammen zu sein und ihn an einen glücklichen Ort zu begleiten.«

»Wir werden dir die Kraft geben, deinem Sohn zu folgen«, versprachen die Götter, »und wir werden dir helfen, in das Land der Geister zu gelangen.«

Die Aussicht, durch die Macht der Götter Kane und Kanaloa seinem Sohn Ka-alii wieder zu begegnen, gab Maluae Hoffnung. Er erhob sich von seinem Lager, nahm wieder Speisen und Getränke zu sich. Bald war er stark genug, um seine Reise anzutreten.

Die Götter verwandelten Maluae in einen Geisterkörper. »Nimm diesen ausgehöhlten Stock als Begleiter«, sagten Kane und Kanaloa, »darin befinden sich dein Proviant, Waffen zu deiner Verteidigung sowie ein Stück glühender Lava.«

Sogleich machte sich Maluae auf den Weg zu jenem Ort, wo sich die Geister versammeln und ihren Eintritt in die Unterwelt vorbereiten. Dort stand ein Brotfruchtbaum. Die Geister flogen oder kletterten in die Zweige des Baumes und suchten sich einen abgestorbenen Ast, auf dem sie so lange saßen, bis er brach. Mit ihm fielen sie in die Unterwelt.

Maluae kletterte den Brotfruchtbaum empor, setzte sich auf einen Ast und wartete. Da sein Gewicht wesentlich größer war als das der anderen Geister, brach sein Ast eher und er stürzte hinunter in die Unterwelt.

Aus seinem Stock schöpfte Maluae jene Kraft, die er benötigte, um gegen die Wächter der Unterwelt zu bestehen. Nachdem er die Wächter überwunden hatte, nahm Maluae einen Bissen von der Speise, mit der ihn die Götter versorgt hatten. Im selben Augenblick fühlte er sich gestärkt. Die Seelen einiger toter Häuptlinge verwährten ihm den Zutritt zu tieferen Bereichen der Unterwelt. Maluae entnahm seinem ausgehöhlten Stock einen magischen Speer, mit dem er seine Gegner zur Seite zwang.

Mitunter wurde er herzlich begrüßt und fand Hilfe von freundlich gesinnten Geistern. So irrte Maluae umher auf der Suche nach dem Geist seines Sohnes. Schließlich gelangte er in einen Bereich, wo er von Bananen attackiert wurde und gezwungen war, eine Frucht nach der anderen in seinen Mund zu schieben. Beinahe wäre er daran erstickt.

Endlich begegnete der Vater dem Geist seines Sohnes. Maluae hielt den Geist Ka-aliis fest und trachtete, so schnell wie möglich der Unterwelt zu entkommen, jedoch die Geister umzingelten ihn und wollten ihm den Geist seines Sohnes entwenden. Wieder nahm Maluae einen Bissen vom Proviant der Götter und verteidigte sich mit seiner magischen Keule gegen die Übermacht seiner Gegner. Obwohl sie ihn von allen Seiten angriffen, konnten sie ihn nicht bezwingen.

Bedrängt von seinen Widersachern, erhob Maluae seinen Zauberstock und nahm die letzte Portion Nahrung zu sich.

Sodann warf er das Stück glühender Lava, das die Götter im Inneren des Stocks verborgen hatten, auf den Boden der Unterwelt. Flammen ergriffen die Bäume und Sträucher des Geisterlandes. Heiße Lavaströme platzten aus dem glühenden Stein.

Erschrocken wichen die Geister zurück. Maluae nützte die Gelegenheit und stopfte den Geist seines Sohnes in den leeren Stock. So schnell er konnte, floh Maluae aus der Unterwelt. Er zwang Ka-aliis Geist, in seinen leblosen irdischen Körper einzutreten.

Maluae dankte Kane und Kanaloa für ihre Hilfe. Gemeinsam mit Ka-alii brachte er den Göttern Gaben für ihren Altar. Sie sprachen die gewohnten Gebete mit Inbrunst und verhielten sich loyal bis ans Ende ihrer Tage.

Lono, der weise Heiler

Der Häuptling Lono lebte im Westen der Insel Hawaii. Er hatte eine rötliche Haut und eigenartige Augen. In seinem ganzen Leben war Lono noch nie krank gewesen. Eines Tages grub er mit einem scharf gespitzten Stock in der Erde seines Feldes. Ein Mann kam des Weges und beobachtete ihn. Lono ließ sich nicht stören und arbeitete weiter. »Die Leute behaupten, dass du niemals krank gewesen seiest«, sagte der Fremde, »aber irgendwann wirst auch du krank.«

»Was erzählst du da«, entgegnete Lono zornig, »warum sollte ich dir glauben?« Kräftig hieb er seinen Stock in die Erde. Aber er war unaufmerksam und der Stock traf seinen Fuß. Blut quoll aus der Wunde. »Habe ich dir nicht gesagt, dass du krank wirst? Deshalb bin ich gekommen.« Der Schmerz lähmte Lono, er verlor reichlich Blut.

Der Fremde war Kamaka, ein Gott des Heilens. Er nahm einige Blätter und schwarze Nachtschattenfrüchte aus seinem Gewand, streute Salz auf die *Popolo*-Beeren und auf die Blätter. Das Gemisch füllte er in Kokosnussblätter und band sie um die Wunde. »Lass den Verband eine Zeit lang auf deiner Verletzung.« Mit diesen Worten ging er davon.

Die Wunde verheilte, ehe drei Tage vergangen waren, sodass Lono wieder seiner Arbeit nachgehen konnte. Doch sie erschien ihm weniger wichtig, vielmehr wollte er den Fremden wiedersehen, um sich für seine Hilfe zu bedanken.

Deshalb machte sich Lono auf die Suche nach Kamaka. Als er ihn endlich gefunden hatte, sagte er: »Du hast mir geholfen. Also habe ich meine Äcker der Obhut von Freunden überantwortet und ihnen erklärt, was zu tun ist. Um von dir zu lernen, wie man Leute heilt, bin ich dir gefolgt.«

Der Gott Kamaka entgegnete: »Lono, öffne deinen Mund!« Lono tat, wie ihm geheißen, und Kamaka spuckte hinein, sodass sich der göttliche Speichel in Lonos Körper verteilen konnte. Derart nahm Lono einen Teil des Gottes in sich auf. In der Folge wurde er äußerst geschickt im Umgang mit Heilmitteln. Lono lernte die verschiedenen Krankheiten kennen und Arzneien, um sie zu heilen. Stets begleitete er Kamaka, wobei er immer neue Lektionen erhielt.

Eines Tages sagte Kamaka: »Du hast genügend gelernt. Wenn wir zusammen bleiben, kannst du niemals deine Fähigkeiten beweisen. Deshalb musst du deiner eigenen Wege gehen, um Leute zu heilen.« Lono akzeptierte Kamakas Argument, auch wenn der Abschied ihm schwer fiel. Den anderen Göttern verschwieg Kamaka, dass er Lono in der Heilkunst unterrichtet hatte.

Über die Berge und Täler verbreitete sich der Ruf, dass Lono Kranke wieder gesund machen könne. Eines Tages hörte der Häuptling Milu von Lonos Fähigkeit. Zuvor hatte Lono einige Todkranke geheilt. Deshalb sandte der Häuptling einen Boten zu Lono. »Höre«, sprach Milu, »der Gott Kalae will mich töten, weshalb er mir immer wieder Krankheiten sendet.« Lono tastete mit seinen Fingern über Milus Körper und erwiderte: »Wenn du meinen Anweisungen gehorchst, wirst du gesund und den Einfluss von Kalae überwinden.«

Lono mixte eine Tinktur, um Milus Krankheiten zu besänftigen. »Um den Einfluss von Kalae abzuwehren, musst du eine Hütte aus *Ti*-Blättern bauen lassen und dort einige Zeit in aller Ruhe leben. Sollte jemand vor deiner Hütte Sport betreiben, beachte ihn nicht. Schiebe unter keinen Umständen die Ti-

Blätter zur Seite, um hinauszublicken. Solltest du dies tun, wirst du sterben.«

Milu verharrte in seiner Hütte, doch das Treiben vieler Leute, die sprachen und schrien, begann ihn zu irritieren. Keineswegs hatte er die Anweisungen von Lono vergessen – auch nicht, als zwei Vögel sich einen ganzen Tag lang im Himmel über seiner Hütte vergnügten.

Einige Zeit verging und wieder war das Tal erfüllt vom Geschrei der Menschen, denn ein riesiger Vogel war am Himmel erschienen, seine Federn glänzten in allen Farben. Von einer Seite des Tales zur anderen zog er seine Schleifen, umkreiste die Bergspitzen ebenso wie die Köpfe der Leute, deren Lärm auch in Milus Hütte drang. Neugierig schob er ein paar Ti-Blätter beiseite und spähte hinaus. Im nächsten Augenblick stürzte sich der Vogel auf Milu, erfasste ihn und riss ihm die Leber aus dem Leib.

Lono hatte dies beobachtet und verfolgte den Angreifer. Der zog sich in eine Felsspalte zurück, doch hatte er Blutspuren hinterlassen. Lono wischte das Blut von den Steinen und sammelte es sorgfältig in einem Stück *Kapa*. So schnell er konnte, kehrte er zu Milu zurück, denn dieser lag im Sterben. Lono strich das Blut über die Wunde und flößte Milu eine Medizin ein. Bald war Milu genesen und durfte die Hütte verlassen.

»Hüte dich vor der Brandung«, warnte Lono, »du musst ein ruhiges Leben führen, sonst bedroht dich der Tod aufs Neue. Einmal bist du dem Tod entkommen, das nächste Mal gibt es kein Entrinnen mehr für dich. Deshalb darfst du keinesfalls hinaus auf das Meer.«

Milu hielt sich an dieses Gebot, saß am Strand und blickte scheinbar unbeteiligt auf die Wellen, wie sie ihre Schaumkronen vor sich her trugen, bevor sie das Ufer erreichten. Zu surfen war ein Privileg der Adeligen und Milu hätte gute Lust gehabt, sich ihnen anzuschließen, aber Lonos Mahnung hallte noch in seinen Ohren.

Dann wurde die Brandung sehr hoch und hielt mehrere Tage an. Mit großem Vergnügen und lautem Geschrei steuerten die Adeligen ihre Surfbretter die Wellentäler hinab. Milu wurde zunehmend ungeduldig und vergaß Lonos warnende Worte. Er ließ sich ein Surfbrett bringen und paddelte hinaus aufs Meer.

Sobald er die wundervolle Brandung erreicht hatte, ließ er die erste und die zweite Welle passieren. Auf der dritten erhob er sich und steuerte sein Surfbrett dem Ufer entgegen. Die Leute applaudierten. Wieder paddelte er hinaus und genoss den Spaß der Bewegung, als er sein Surfbrett entlang dem Kamm einer gewaltigen Welle lenkte. Mit einem Mal überschlug sich die Welle und riss Milu in die Tiefe. Sein Körper tauchte nicht mehr auf, indes wurde sein Surfbrett an den Strand geschwemmt.

Die Leute jammerten: »Milu ist tot!« Vergeblich suchten sie nach seinem Körper. Weder entdeckten sie ihn am Grund des Meeres noch wurde er jemals ans Ufer gespült. Der Gott Kalae frohlockte, dass es ihm gelungen war, Milu zu töten.

»Dies wollen wir feiern«, sagte Kalae und lud andere Götter des Todes und der Gifte zu einem Fest. Sie aßen und tranken, wobei ein jeder eine Geschichte erzählen musste, wie er jemanden zu Tode gebracht hatte. Als Ausklang der Feier spielten sie Verstecken. Manche verbargen sich im Stamm eines Baumes, andere wiederum in bestimmten Blättern. Einige fühlten sich in ihrem Versteck dermaßen wohl, dass sie für immer dort blieben. Wem es gelang, ihr Wohlwollen zu erringen, dem halfen sie, Krankheiten zu heilen. Aber man musste vorsichtig sein, allzu leicht konnten sie zornig werden und sich gegen die Menschen wenden.

Lono wurde zum Vorfahren und Lehrer aller heilenden Priester von Hawaii. Milu hingegen errang die Herrschaft über die Unterwelt, über jene Orte, an denen die Geister der Toten ihre Heimstatt bezogen, nachdem sie das Land der Lebenden verlassen hatten.

Er gestattete sportliche Aktivitäten, wie sie auch zu Lebzeiten betrieben wurden. Die Geister spielten *Kilu* mit polierten Kokosnüssen, warfen und wanden sich und genossen die sexuelle Komponente dieses Spiels. An einem bestimmten Ort wurde *Konane* gespielt, eine Art Schach, jedoch dem japanischen Go-Spiel ähnlicher. Wetten aller Art wurden abgeschlossen um die Eigentümer im Geisterland. Man boxte gegeneinander, Ringkämpfe wurden gefochten. Als wären sie niemals gestorben, lebten die Geister, wie sie es auf Erden getan hatten.

Ka-ilios Reise ins Reich der Schatten

Ka-ilio war seit Tagen krank gewesen und verfiel schließlich in einen Zustand der Bewusstlosigkeit. Der Geist des Lebens kroch aus seinem Körper und verzog sich über das linke Auge in eine Ecke des Hauses, wo er wie ein Insekt summte. Als der Geist zurückblickte auf jenen Körper, den er verlassen hatte, erschien er ihm wie ein gewaltiges Bergmassiv mit tiefen Höhlen, hinter denen sich die Augen verbargen. Dieser Anblick irritierte den Geist, sodass er auf das Dach des Hauses entwich.

Lautstark beklagten die Angehörigen den nahen Tod von Ka-ilio. Vor diesem Lärm flüchtete der Geist in eine Kokospalme und thronte wie ein Vogel auf einem Palmwedel. Bald wurde ihm dies allzu langweilig und er flog dorthin, wo alle Geister einander treffen, bevor sie in die Unterwelt eintreten.

An der Pforte begegnete er dem Geist seiner Schwester, die schon lange verstorben war. Ihr Geist verfügte über die Fähigkeit, einen anderen Geist wieder in seinen irdischen Körper zurückkehren zu lassen, denn sie war eine *Aumakua*, eine Halbgöttin des Lebens und der Gesundheit. »Komm in mein Haus«, sagte sie zu Ka-ilios Geist, »und halte dich dort eine Weile auf.« Jedoch warnte sie ihn: Wenn ihr Gatte zu Hause sei, dürfe er das Haus nicht betreten. »Sollte dir mein Gatte etwas zu essen anbieten, lehne dies entschieden ab, denn das Haus und die Speisen sind bloß Schatten realer Dinge und würden deine Kraft, ins Leben zurückzukehren, zunichte machen.«

Der Geist der Schwester forderte den des Bruders auf, ihm zu folgen. Nachdem sie eine Weile gewandert waren, sagte die Schwester: »Sobald mein Mann heimgekehrt ist und die Nahrung der Geister isst, um sich sodann dem Schlaf der Geister hinzugeben, werde ich dich durch das Land der Schatten begleiten, damit du dem König aller Geister einen Besuch abstatten kannst.«

Ka-ilios Schwester führte ihren Bruder zu dem Platz der Wirbelwinde. Auf dem Hügel hörte er die Stimmen vieler Geister, die sich sportlich vergnügten wie in ihrem früheren Leben. Einige machten sich bereit zum Surfen, andere spielten mit steinernen Scheiben, die sie über den Boden rollen ließen. Manche waren mit Boxen und Ringen beschäftigt, widmeten sich dem Fingerhackenziehen oder dem Faustschieben, wobei jener siegte, dem es gelang, die Faust des Gegners über eine Markierung zu drücken. Anderswo hatten sich Hulatänzer versammelt und bewegten sich zum Rhythmus der Trommeln.

Gleich wäre Ka-ilio bereit gewesen, sich diesen Spielen anzuschließen, doch die Schwester zog ihn weiter. »Dies sind Schattenspiele. Wer sich darauf einlässt, vermag niemals mehr zu den substanziellen Dingen des Lebens zurückzukehren.« Wenn Ka-ilio von einem der Geister unabsichtlich gerempelt wurde, konnte er sich bloß in jene Richtung fortbewegen, in die er geschubst worden war. Erst nach heftigen Anstrengungen gewann er wieder die Kontrolle.

Die Schwester führte ihren Bruder zu einem großen Feld, von Steinmauern umzäunt, wo feine Grashütten standen, wie sie nur für Häuptlinge des höchsten Standes errichtet wurden. Dort wies sie auf einen engen Durchgang. »Diesen Spalt musst du allein passieren, ich kann dich nicht begleiten, denn dahinter befindet sich das Heim von Walia, dem Herrscher der Geister. Achte genau darauf, was er dir sagt. Sprich wenig, jedoch kehre möglichst schnell zurück.«

Ka-ilio hörte genau zu, was die Schwester ihm erklärte: »Drei Wächter bewachen diesen Durchgang. Der erste wird dich fragen: ›Was ist die Frucht deines Herzens?‹ Du musst antworten: ›König Walia.‹ Dann wird er dich passieren lassen. Innerhalb der Mauern des Nadelöhrs wird ein zweiter Wächter vor dich treten. Er wird dich fragen, warum du kommst. Antworte ihm: ›Wegen König Walia.‹ Dann wird er dich ziehen lassen. Am Ende eines langen Ganges steht ein dritter Wächter, bewaffnet mit einem bedrohlichen Speer, den er gegen dich erheben wird. Rufe ihm zu: ›Ka-make-loa, Großer Gott des Todes!‹ Das ist der Name seines Speers. Er wird dich fragen nach deinem Begehren, worauf du entgegnen musst: ›Um den König Walia zu sehen.‹ Mit diesen Worten wird er dir den Weg freigeben.«

Genau muss ich mir diese Worte einprägen, dachte Ka-ilio, als seine Schwester weitersprach: »Hast du schließlich das Große Tor des Großen Palastes erreicht, wirst du zwei Köpfe entdecken, die sich dermaßen einander zuneigen, dass du weder eintreten noch den König oder seine Königin sehen kannst. Sobald diese Köpfe einen Geist erspähen, der sich dem König nähert und nicht die richtigen Beschwörungen sprechen kann, werfen sie ihn in die finsterste Geisterwelt. Gib Acht und denke an all das, was ich dir gesagt habe.«

Einen Moment Geduld erbat Ka-ilio, um jedes Detail richtig zu behalten. »Wenn du diese Köpfe erblickst, verschränke deine Arme vor deinem Gesicht und schiebe die Wächter zur Seite. Der Große Weg wird dir alsdann offen stehen und du kannst in die Halle des Königs eintreten. Du wirst große Fächer aus Federn sehen, die sich über dem König bewegen. Der König wird aus seinem Schlaf erwachen und sagen: ›Warum kommt dieser Reisende zu mir?‹ Worauf du schnell erwidern wirst: ›Ein Diener kommt, um den Herrscher entgegenzutreten.‹ Hast du dies gesagt, wirst du keine Verletzung erleiden und wirst wieder zum Leben erweckt.«

Wie ihm seine Schwester vorausgesagt hatte, trat jeder der drei Wächtern zur Seite. Sie sprachen: »Das Tabu ist aufgehoben.« Schließlich schob Ka-ilio die beiden Köpfe zur Seite und trat in die Halle des Königs. Ohne ein Geräusch zu verursachen, fächelten die Diener dem König mit Vogelfedern frische Luft zu.

Der König gähnte, als er Ka-ilio erblickte: »Willkommen Fremder, tritt näher. Wer ist der König deines Landes?« Ka-ilio nannte den Namen seines Königs und dessen Ahnen aus frühesten Zeiten, zählte die Toten auf und die Lebenden. Langsam erhob sich die Königin der Geister und der in sich kauernde Geist erblickte eine Frau, hübscher als er sie je auf allen Inseln zu Gesicht bekommen hatte.

»Kehre zurück und tritt ein in den Körper, den du verlassen hast«, gebot der König, »und berichte deinen Leuten von deinen Erlebnissen.« Ein Bote trat ein und meldete, dass mit dem dritten Aufruf die sportlichen Spiele beendet seien, wer dies nicht beachte, werde an entlegene Orte der Unterwelt verbannt.

Allmählich machte sich die Schwester Sorgen, denn sie wusste, dass sich nach dem dritten Signal die Wände um den Palast des Königs schließen würden und ihr Bruder für immer im Land der Geister festgehalten würde. Sie murmelte ihre Beschwörungen und passierte sämtliche Wächter, rief sanft seinen Namen. Nur widerwillig gehorchte der Bruder. Sie packte ihn und schob ihn hinaus, als im nächsten Moment der dritte Ruf ertönte.

Sie begegneten einer hübschen jungen Frau, die sie einlud, ihr zu folgen, indem sie auf einen Felsen wies, wo viele Vögel saßen. Ka-ilio war bereit zu bleiben und sich auf das Angebot einzulassen. Die Verlockung war gewaltig. Unwirsch stieß die Schwester ihren Bruder weiter. Neuerlich versuchte er zu entweichen und verbarg sich, um die Freuden der Schattenwelt zu genießen. Die Schwester hielt ihn fest und zwang ihn, seinen wartenden Körper aufzusuchen. »Du hast der Anordnung des

Königs zu gehorchen.« Sie war recht zornig und versetzte ihrem Bruder einen kräftigen Tritt.

Noch fester trat sie zu, so lange, bis Ka-ilio vor seiner Hütte angelangt war, in der er früher gelebt hatte. Sie entdeckte ein Loch in der Wand und da hinein drückte sie ihn. Kaum hatte er seinen ehemaligen Körper erblickt, versuchte er zu entwischen, doch die Schwester fing ihn und schob ihn bei einem Fuß bis hinauf zum Knie. Ka-ilio mochte den Geruch des Körpers nicht und wehrte sich, tiefer einzudringen. Die Schwester hielt den Fuß fest und schüttelte ihn dermaßen heftig, dass der Geist keine andere Wahl hatte und zum Kopf kriechen musste.

Allmählich war ein leises Geräusch aus dem Mund zu vernehmen und Atem hob und senkte die Brust. Da wussten Ka-ilios Angehörigen, dass er ins Leben zurückgekehrt war. Sie wärmten seinen Körper und gaben ihm ein wenig zu essen. Nachdem er wieder zu Kräften gekommen war, erzählte Ka-ilio von seiner unglaublichen Reise in das Land der Geister.

Der Mann, der seine Frau wieder heiratete

Niho-o-leki wurde in Kona auf der Großen Insel geboren. Er gelangte nach Oahu und entwickelte sich zu einem geschickten Fischer. Mit Hilfe seines berühmten Fischhakens, der Fische aller Art anzog – insbesondere den schwer zu fangenden *Aku* –, wurde er zum Häuptling der Gegend von Waianae. Sein Doppel-Kanu maß an die zwanzig Meter, besetzt mit zwölf Ruderern. Später übersiedelte Niho nach Kauai, da seine Frau die Tochter des Oberhäuptlings dieser Insel war. Wegen seiner Erfolge als Fischer erlangte er auch hier die Stellung eines Häuptlings.

Als Niho starb, wurde sein Körper nach Waianae auf Oahu gebracht. Nihos Eltern verehrten seinen Geist und beteten ihn so lange an, bis er dermaßen an Kräften gewonnen hatte, dass er wieder lebendig werden konnte.

Unter einem anderen Namen kehrte Niho zurück zu seiner Frau nach Kauai und heiratete sie ein zweites Mal. Diese kam gar nicht auf die Idee, dass er der Geist ihres verstorbenen Gatten sei. Sie machte ihm Vorwürfe, dass er nichts im Sinn habe, als zu schlafen. Niho machten diese Anschuldigungen wütend. »Dann werde ich eben nicht mehr fischen«, schimpfte er und schickte seine Frau los. »Mein Schwager soll meinen Fischhaken in seine Obhut nehmen, ebenso mein Doppel-Kanu«, bestimmte er, »der Geist meiner Schwester wird als schwarzer *Noio*-Vogel über meine Sachen wachen.« Um diese Zeit erhielt er einen dritten Namen: Man nannte ihn den »trägen Fischer«.

Noch einmal fuhr er hinaus aufs Meer, um zu fischen. Zwei Fische wurden gesondert an Land gebracht, um sie den Göttern der Vorfahren anzubieten – einer für die männlichen und einer für die weiblichen *Aumakua*.

Sein bester Freund, der Schweinegott Kama-puaa, war krank geworden und Niho lud ihn ein zu einem Besuch in sein Haus. Doch Nihos Frau mochte Kama-puaa nicht leiden, woraus sie Niho gegenüber niemals einen Hehl gemacht hatte. »Wiewohl du Kama-puaa verachtest, begegne ihm dennoch mit jener Höflichkeit, die einem Gast zusteht.« Als Kama-puaa auf einer Bahre zur Türe hereingetragen wurde, wandte sich die Frau demonstrativ zur Seite.

Angewidert von diesem Affront, trennte sich Niho von seiner Frau. »Für unser Kind hinterlasse ich dir als Erkennungszeichen eine Keule sowie meinen Federmantel.« Auch nannte er jenen Namen, unter dem sie ihn als ihren ersten Gatten gekannt hatte. Auf diese Weise erfuhr die Frau, dass ihr zweiter Mann der wiedererwachte Geist ihres ersten Mannes war.

Gemeinsam gingen Kama-puaa und Niho-o-leki fort. Sie paddelten nach Oahu, um den Ort Waianae zu erreichen, wo Niho einst als Häuptling geherrscht hatte. »Nun ist der Moment gekommen, da wir voneinander Abschied nehmen müssen. Mein Wunsch ist, dass du meine Schwester heiratest«, sagte Niho. Damit seine Eltern erkennen könnten, dass Kama-puaa von ihrem Sohn geschickt worden war, überreichte Niho dem Freund als untrügliches Beweisstück jene Perle, die an seinem Angelhaken befestigt gewesen war. – Betrat sein früheres Grab und verschwand.

Der Große Hund Ku

Der Hundegott Ku-ilio-loa fasste den Entschluss, aus den Wolken herabzusteigen, um den Menschen einen Besuch abzustatten, wozu er die Gestalt eines kleinen Hundes annahm und sich unerkannt unter die Menschen mischte. Er bemerkte drei Regenbogen, die sich von hier nach dort bewegten, eine Weile über dem Haus eines Häuptlings verharrten, um sich sodann über einen tiefen Teich zu wölben, der von einem Wasserfall gespeist wurde.

Dies ist ein Vorzeichen, das mir den Weg weist, dachte Ku, hockte sich ans Ufer des Teichs und wartete. Es dauerte nicht lange, bis Na-pihe-nui, die Tochter des Häuptlings, in Begleitung ihrer Freundinnen erschien, um sich im Wasser des Teichs zu vergnügen. Na-pihe-nui kam jeden Tag. Nach ihrem Bad spielten die Mädchen und genossen die Freuden des Lebens.

Eines Tages schwammen und tauchten sie wieder, als Na-pihe-nui einen Schatten am Ufer entdeckte. »Irgendjemand beobachtet uns«, rief sie. Sogleich schwammen die Badenden ans Ufer, wo sie ihre Gewänder abgeworfen hatten. Ein kleiner weißer Hund lag auf dem Rock der Prinzessin.

»Ist er nicht süß?«, rief eines der Mädchen. Eine Zeit lang spielten sie mit dem weißen Hund und freuten sich über seine ungewöhnliche Intelligenz. Er hüpfte zwischen ihnen herum, gehorchte ihren Zurufen, zeigte jedoch eine Vorliebe für die

Prinzessin. Also nahmen sie den kleinen Hund mit nach Hause und kümmerten sich um ihn.

Skeptisch verfolgte der Häuptling Polihale die eigentümlichen Fähigkeiten des Tieres, hinter denen er den Einfluss irgendwelcher Geister vermutete. Um seinen Verdacht zu überprüfen, ließ er den Hund beobachten. Bald stellte sich heraus, dass er sich in einen Menschen verwandeln konnte, ganz nach seinem Belieben. »Tötet diesen Hund«, befahl er seinen Dienern. Sie umzingelten ihn und hieben mit ihren Keulen auf ihn ein, doch er entkam in den Wald. »Dies ist der Große Hund Ku, der den drei Regenbogen gefolgt ist, um die Prinzessin zu seiner Frau zu nehmen«, meinten die Wahrsager.

Ku fühlte sich ertappt, weshalb er sich in einen Menschen verwandelte, um nicht erkannt zu werden. Forsch betrat er die Hütte des Häuptlings und forderte die Hochzeit mit der Prinzessin. »Hier bin ich und hier bleibe ich.« Gewarnt von den Worten der Wahrsager, verweigerte der Häuptling seine Zustimmung.

Die Absage erzürnte Ku. »Wenn du mir deine Tochter nicht zur Frau gibst, werde ich deine Leute fressen«, drohte er. In der Tat verschlang der Hund einige von Polihales Männern. Der Häuptling befahl seine Krieger zu sich, um den bevorstehenden Kampf vorzubereiten.

Alle Frauen wurden in einer Höhle versteckt. Sie nahmen ausreichend Proviant mit – Wasser war in der Höhle vorhanden –, denn die Auseinandersetzung konnte längere Zeit in Anspruch nehmen. Vor dem Eingang der Höhle wurden Steine aufgeschlichtet, sodass niemand hinein und niemand hinaus konnte.

Sodann begann der Häuptling mit seinen Mannen den Kampf gegen den Hundemann Ku-ilio. Immer enger kreisten sie ihren Gegner ein. Indes – Ku verfügte über ungewöhnliche Kräfte und sprang den Männern an die Schulter und ins Gesicht. Hatte er einen der Krieger gefasst, biss er tödlich zu. Den toten

Körper fraß er auf. Ku-ilio war ebenso flink wie schlau, attackierte mal da, dann wieder dort. Statt anzugreifen, mussten sich die Krieger des Häuptlings Polihale immerfort verteidigen.

Es schien, als würden Polihales Mannen die Auseinandersetzung verlieren. Deshalb wandte sich der Häuptling an seine Götter und bot ihnen Opfer an sowie Beschwörungen. Dafür erwartete er ihre Hilfe.

Die Götter erhörten seine Bitten und es kam zum entscheidenden Gefecht, wobei Ku-ilio vernichtend geschlagen wurde. Immer noch wehrte er sich verbissen, jedoch die Speere durchlöcherten ihn und die schweren Keulen brachen seine Knochen. Als er zerschmettert darniederlag, schnitten seine Gegner den Körper des Hundemannes in zwei Hälften, warfen den einen Teil in diese und den anderen Teil in die entgegengesetzte Richtung. Durch die Magie der Götter wurde Ku-ilios Körper in zwei große Steine verwandelt, die jahrhundertelang Verehrung und Anbetung erfuhren. Ku-ilios Geist hingegen dehnte sich über die Berge aus und offenbart sich mitunter als Großer Hund in unzähligen Wolkenformationen über den hawaiischen Inseln.

Der König mit den wundersamen Dienern

Dereinst lebte ein König auf der Insel Oahu. »Ich werde meine Ländereien bereisen, um mich dort umzusehen«, verkündete er. Und schon machte er sich auf den Weg. Er war noch nicht lange gegangen, als er einem Fremden begegnete. Wie Könige zuweilen sind, war auch er selbstgefällig und brüstete sich vor dem Fremden mit der Weite seiner Besitzungen. Dieser entgegnete: »Du magst mir erzählen, was du willst, aber ich habe die Länder unserer göttlichen Vorfahren Wakea und Haumea gesehen und ich kann dir versichern, sie sind größer und beeindruckender, als deine es jemals sein können.« Sie entschieden, gemeinsam das wunderbare Land der Götter aufzusuchen.

Am Straßenrand trafen sie einen Mann, der kein Wort sprach. Der König fragte ihn: »Was treibst du? Bist du Fischer oder Bauer?« Der Mann erwiderte: »Ich bin Mama-loa, ›Der überaus Schnelle‹. Ich warte auf das Erscheinen der Sonne, um ihr zu folgen und sie einzuholen.« Gemeinsam erwarteten sie den Sonnenaufgang. Der Mann lief sehr schnell, fing die Sonne und bremste eine Zeit lang ihren Lauf.

Zu dritt wanderten sie weiter: der König Ika-ika-loa, was »Der Kräftige« bedeutet; »Der Weitsichtige« Ike-loa, der über das Land blicken konnte; und Mama-loa, »Der schnelle Läufer«.

Nach einer Weile entdeckten sie zwei Männer, die eng umschlungen am Wegesrand schliefen. Einer zitterte vor Kälte.

»Ich bin Kanaka-make-anu«, sagte er, »ich komme in der Kälte um.« Hingegen brannte der andere Mann vor Hitze: »Ich bin Kanaka-make-wela«, sagte er, den die Hitze zu schaffen machte. Die beiden wärmten und kühlten einander und waren deshalb unzertrennlich, denn der eine bedurfte des anderen. »Wir kommen mit euch«, sprachen sie im Duett und schlossen sich den drei Männern an.

Die Gruppe erreichte ein Feld, auf dem man Tiere jagte. Einer der Männer war besonders geschickt im Umgang mit Pfeil und Bogen. Er hieß Pana-polo-lei, »Der glänzende Schütze«. Nachdem sie ihm eine Weile zugesehen hatten, forderten sie ihn auf: »Schließe dich uns an, wir möchten das Land des Gottes Wakea und der Göttin Haumea aufsuchen.« Ohne eine einzige Frage zu stellen, ging er mit ihnen.

Sie begegneten einem Mann, der sein Ohr auf den Boden presste. »Was machst du?«, fragte ihn der König. Er entgegnete: »Ich lausche einer Auseinandersetzung zwischen Haumea und Wakea.« Jener Mann, der den Streit des Götterpaares belauschte, hieß Hoo-lohe-loa oder »Der Weithörige«. Gemeinsam zogen sie weiter und gelangten in eine Gegend, bezaubernder als sie jemals zuvor einen Landstrich erblickt hatten.

Der Wächter dieses Landes bemerkte, wie sich sechs fein aussehende Männer näherten. Zudem ein siebenter, in jeder Weise außergewöhnlicher. Sogleich erreichte die Kunde der ankommenden Fremden die Königin, die über das Land von Wakea und Haumea herrschte. Unverzüglich befahl sie ihren Soldaten, die Fremden zu ergreifen und zu ihrem Wohnsitz zu bringen. Dort wurden sie nach der Sitte des Landes willkommen geheißen, mit Früchten und erlesenen Speisen bewirtet sowie mit Hulatänzen und Spielen unterhalten.

Am nächsten Morgen sagte der König Ika-ika-loa zu der Königin: »Ich habe gehört, du hast dir schwierige Rätsel ausgedacht. Du magst mich auf die Probe stellen. Sollte ich deine

Rätsel lösen, wirst du meine Frau.« Damit war die Königin einverstanden.

Sie führte ihn hinaus und sagte: »Der Mann, der mein Gatte werden möchte, steht am Tor des Hauses von Wakea und Haumea. Wo befindet sich dieses Tor?« Der König wandte sich an Ike-loa und fragte ihn heimlich, ob er das Tor von Haumeas Haus sehen könne. Ike-loa blickte um sich und flüsterte dem König zu: »Das Tor des Hauses verbirgt sich im Stamm dieses großen Baumes. Wenn du stark bist, wirst du das Tor unter der Rinde finden.« Der König schritt auf den Baum zu, langte nach einem Steinmesser und entfernte Stück für Stück der Rinde. Plötzlich öffnete sich ein Tor.

»Diese Aufgabe hast du zwar gelöst, aber noch warten weitere Rätsel auf dich.« Um die Beine der Königin tummelten sich drei Hunde. »Siehst du diese drei Hunde? Einer gehört unserem Gott Wakea, einer seiner Frau Haumea und einer gehört mir. Kannst du herausfinden, wem welcher Hund gehört?« Mit diesen Worten schloss sie die drei Hunde in einen Käfig.

Der König flüsterte zu seinem Diener Hoo-lohe-loa: »Lausche und finde die Namen der Hunde heraus.« Also legte der Mann, der ungewöhnlich gut hören konnte, sein Ohr auf die Erde und vernahm Haumea, die ihren Dienern befahl: »Mein schwarzer Hund soll als Erster hinausgehen, dann der rote von Wakea. Und zuletzt der weiße Hund der Königin.« Dermaßen erfuhr der König, wer welchen Hund besaß.

Als der schwarze Hund heraussprang, sagte der König: »Der schwarze gehört Haumea.« Sobald der rote folgte, sagte er: »Das ist Wakeas roter Hund.« Als er schließlich den weißen sah, verneigte er sich vor der Königin und sprach: »Diesen Hund nennst du dein Eigen.«

»Du hast zwei meiner Aufgaben gelöst, deshalb werde ich ein Fest vorbereiten lassen. Doch dazu benötigen wir frisches Wasser, das von weit her gebracht werden muss. Ich entsende eine meiner Dienerinnen und du beauftragst einen deiner Gefolgsleute, alle beide mit einer Kalebasse für Wasser ausgestattet.

Kehrt dein Diener mit dem Wasser als Sieger zurück, noch ehe wir unser Mahl beendet haben, heiraten wir.«

»Mach dich startklar, um das Wasser zu holen«, sagte der König und reichte Mama-loa, dem Schnellen, eine Kalebasse. Mama-loa war überzeugt, dass es niemanden gäbe, der annähernd so schnell laufen könne wie er. Die Dienerin der Königin trug ebenfalls eine Kalebasse. Auf ein Zeichen starteten sie ihr Rennen. Obwohl Mama-loa sehr schnell lief, überholte ihn die Frau und ließ ihn weit hinter sich.

Neugierig ob des Verlaufs des Wettkampfs fragte der König Ike-loa, den Weitsichtigen: »Kannst du erkennen, wer in Führung liegt?« Ike-loa blickte in die Ferne und berichtete, dass die Dienerin der Königin einen beträchtlichen Vorsprung errungen habe.

»Es bedarf deiner Geschicklichkeit«, erbat der König die Unterstützung des Meisterschützen. Pana-polo-lei ergriff seinen Bogen, legte einen Pfeil auf und nahm sein Ziel ins Visier. Sehr weit flog der Pfeil, zischte knapp über den Kopf der Läuferin hinweg, die dermaßen erschrak, dass sie stolperte und zu Boden stürzte, wodurch Mama-loa sie überholte.

Wenig später hatte sie den Rückstand wettgemacht. Der weitsichtige Ike-loa konnte es deutlich erkennen. »Vielleicht verfügst du über einen weiteren Pfeil«, animierte der König den Schützen. Der Pfeil streifte den Rücken der schnellen Läuferin, sodass Mama-loa als Erster die Quelle erreichte. Er füllte seine Kalebasse und machte sich auf den Rückweg. Flink goss auch die Dienerin der Königin Wasser in ihre Kalebasse.

Bald sollten die beiden Wettkämpfer das Ziel erreichen. »Wie sie läuft! Sie fliegt an Mama-loa vorbei«, rief Ike-loa, der in die Ferne blicken konnte. Diese Nachricht weckte die Ungeduld des Königs. »Du musst mir helfen«, bat er den Bogenschützen. Pana-polo-lei nahm einen besonderen Pfeil, mit dem er auf die Kalebasse der Läuferin zielte. Sein Schuss ließ das Gefäß in unzählige Stücke zerbrechen, sodass das Wasser im Boden versickerte.

»Hier bringe ich eine Kalebasse, gefüllt mit Wasser«, verkündete Mama-loa als Sieger des Wettkampfs. Der König nahm die Kalebasse entgegen und präsentierte sie der Königin zum Trunk.

»Weshalb hat meine Läuferin den Wettlauf verloren?« Die Königin war ungehalten über den Ausgang des Wettkampfs und befragte ihre Dienerin nach dem Grund ihrer Niederlage. »Ich lag in Führung, aber irgendetwas traf mich, sodass ich stürzte. Mit einem Mal zerbrach meine Kalebasse und das Wasser ging verloren.«

Mama-loa gebärdete sich als stolzer Sieger, aber die anderen Diener des Königs verspotteten ihn. »Warum lacht ihr, habt ihr denn nicht gesehen, dass ich gewonnen habe?«, sagte er trotzig. »Ohne unser Eingreifen wärst du unterlegen.« Sie erzählten ihm, wie er vom Weitsichtigen beobachtet worden war und wie ihm die Pfeile des Schützen zum Erfolg verholfen hatten.

»Du hast gemogelt!«, empörte sich die Königin. »Deshalb stelle ich dir eine zusätzliche Aufgabe.« Der König wagte nicht, ihr zu widersprechen. »In unserem Land existieren zwei konträre Gegenden: Eine ist sehr heiß und die andere ist sehr kalt. Sollte es dir gelingen, diesen Gegensatz zu überwinden, werde ich dich heiraten.«

»In meinem Gefolge befinden sich zwei Männer, die einander ergänzen: Der eine kühlt die Hitze des anderen, während dieser die Kälte seines Partners durch seine Wärme lindert. Indem sie einander stets umschlungen halten, überleben beide. Deshalb sind sie unzertrennlich und überwinden derart die Gegensätze unseres Landes.«

Kanaka-make-anu und Kanaka-make-wela sprachen: »Wir werden gemeinsam fortziehen, allerdings werden wir niemals zurückkehren, sondern für immer beisammen bleiben.«

Nun gab es kein Rätsel mehr zu lösen. Der König und die Königin heirateten und lebten königlich im Land der Götter.

Ein gewaltiger Felsenwurf

Vor langer Zeit lebte auf Kauai ein Mann, der über gigantische Kräfte verfügte. Als Hau-pu geboren wurde, ergoss sich der Regen in Sturzbächen über die Hänge der Berge und spülte Unmengen roter Erde ins Tal, dass man glauben konnte, es wäre Blut. Vom Himmel zuckten Blitze, was auf den hawaiischen Inseln selten geschah, weshalb man dies als Zeichen deutete, ein Halbgott oder mächtiger Häuptling sei auf die Welt gekommen oder verstorben. Zudem wölbte sich ein Regenbogen über das Haus von Hau-pu. Manche Häuptlinge wurden ihr ganzes Leben von einem solchen Regenbogen begleitet.

Hau-pu war bereits als Kind sehr kräftig und entwickelte sich zu einem geschickten Kämpfer, konnte gegen eine Übermacht von Gegnern bestehen oder ohne fremde Hilfe angreifen. Allein mit seinem Speer bezwang er mitunter ein feindliches Heer.

Eines Nachts schlief Hau-pu mit dem Blick in Richtung Oahu, der Nachbarinsel. Er hatte einen unruhigen Schlaf, denn irgendwelche Geräusche irritierten ihn. Schließlich wurde er von Stimmen geweckt, die aus einiger Entfernung zu ihm drangen. Ohne Zweifel kam der Lärm vom Meer. Zahlreiche Lichter blitzten vor seinen verschlafenen Augen auf. Ein Gemurmel vieler Stimmen kam von dorther, wo die Lichter tanzten. »Feindliche Krieger planen einen nächtlichen Überfall.« Hau-pu war sich dessen völlig sicher.

Um einen besseren Überblick zu erlangen, hastete er auf die Spitze eines Berges: Eindeutig erkannte er unzählige Kanus und Menschen auf dem Meer, nicht allzu weit entfernt von seinem Aussichtsplatz.

»Ihr werdet euch wundern«, lachte Hau-pu, bückte sich und riss einen gewaltigen Steinbrocken aus dem Grund, stemmte ihn hoch und schwang den Felsen vor und zurück, bis er genügend Schwung geholt hatte, um ihn entsprechend weit zu schleudern. Wie eine Wolke erhob sich der Steinbrocken in den Himmel, beschleunigt von Hau-pus magischen Kräften flog er weit über das Land und das Meer.

Von den Ufern Oahus war der Häuptling Kaena mit seinen Leuten zu einem nächtlichen Fischfang aufgebrochen. Die besten Fischnetze waren vorbereitet und Fackeln in die Kanus gebracht worden. An den ertragreichsten Plätzen waren die Netze ausgelegt worden. Der Fang versprach überaus erfolgreich zu werden. Darüber herrschte große Freude, die sich lautstark äußerte. In das Plätschern der Paddel mischte sich das Gejohle hunderter Männer.

Während sich die Kanus der Fischer aus Oahu der Insel Kauai näherten, schwoll ihr Geschrei immer mehr an, ein Jubel ob ihrer prall gefüllten Netze. Dieses Getöse hatte die Ohren des schlaftrunkenen Hau-pu erreicht.

Plötzlich befand sich etwas über ihren Köpfen, wie ein Vogel, jedoch von der Größe eines gigantischen Felsens. Es blieb ihnen keine Zeit, ihre Gedanken zu vollenden. Als hätte ein Sturm sie erfasst, wurden ihre Kanus von dem gewaltigen Steinbrocken zerschmettert, den Hau-pu geworfen hatte.

Der Häuptling Kaena und viele seiner Männer wurden getötet. Allmählich spülten die Wellen Sand ans Ufer, aus dem sich eine Landzunge formte. Die Überlebenden nannten dieses Kap zu Ehren ihres toten Häuptlings »Kaena«.

Jener Felsbrocken, den Hau-pu gegen die vermeintlichen

Angreifer geschleudert hatte, liegt in der Tiefe des Ozeans, allerdings reicht seine Spitze weit aus dem Wasser, selbst wenn Stürme und Wellen gegen ihn ankämpfen.

Die lebensspendende Banane

Kukalis Vater war ein Mann von großer Weisheit und außergewöhnlichen Fähigkeiten. Er lehrte Kukali die Kunst der Kanu-
Herstellung und wie man aus der feinkörnigen Lava steinerne
Messer und Beile fertigte und deren Schneide schärfte. Sein
Unterricht umfasste gleichermaßen handwerkliche Geschicklichkeit wie den Umgang mit magischen Kräften. Er wies seinen Sohn auf die kraftvollsten Beschwörungen hin und verriet
ihm Zauberformeln, die wirkungsvoller waren als jene seiner
Widersacher. Kukali lernte, Vorzeichen zu deuten und zu überwinden. Dermaßen wurde Kukali zu einem Zauberer, der sich
mit den weisen Männern anderer Inseln messen konnte.

»Ich schenke dir eine Banane«, sagte Kukalis Vater, »jedoch
wenn du die Frucht gegessen hast, hüte die Schale und achte
darauf, sie niemals zu verlieren, damit sie dir weiter ihre Dienste leisten kann.«

Kukali zog ins Innere der großen Hawaii-Insel, wanderte
durch die Wälder und ging hinauf in die Berge. Außer der
Banane, die ihm sein Vater gegeben hatte, trug er keine Nah-
rung mit sich. Überkam ihn Hunger, zog er die Schale der
Banane vorsichtig zurück, aß die Frucht und faltete sodann die
Schale sorgfältig zusammen. Nach kurzer Zeit hatte sich darin
wieder eine Frucht gebildet. Immer wieder nährte ihn die
Frucht, deren Schale er gewissenhaft aufbewahrte.

Die Lust, ferne Inseln aufzusuchen, von denen unglaubliche
Geschichten erzählt wurden, erfasste Kukalis Sinne. Um einen

Baum zu finden, aus dem er ein entsprechendes Kanu herstellen konnte, streifte er durch die Wälder und wurde schließlich fündig. Unzählige Tage verbrachte er auf See, segelte von der Sonne geleitet bei Tag und folgte den Sternen bei Nacht. Irgendwann erreichte er das fremde Land, von dem er seit je geträumt hatte.

Er zog sein Kanu an den Strand und legte sich nieder, um zu rasten. Bevor er einschlief, versteckte Kukali seine magische Banane in seinem Lendenschurz. Dann fiel er in einen tiefen Schlaf, sodass er die Gefahr nicht wahrnahm, die ihn bedrohte:

Ein großer Vogel, der sich von menschlichem Fleisch ernährte, herrschte über jene Insel, auf der Kukali gelandet war. Jede Feder des Vogels Halulu war mit Krallen ausgestattet. Er hob Kukali empor und trug ihn in seinen Schlupfwinkel. Als er ihn dort ablegte, erwachte Kukali aus seinem Schlaf.

Irritiert blickte Kukali um sich und musste erkennen, dass er sich in einem Tal befand, das von allen Seiten abgeriegelt war. »Willkommen, du teilst unser Los«, begrüßten ihn all jene, die der Vogel Halulu gefangen hielt. »Wir haben Hunger, aber niemand gibt uns zu essen.« Der Vogelgott Halulu thronte auf einem Baum und beobachtete argwöhnisch seine Beute. Entkräftet vor Hunger, brach einer der Gefangenen zusammen und war nicht mehr fähig, sich zu erheben. Sogleich stürzte sich Halulu auf sein Opfer und verspeiste es. Jene, die noch stark genug waren, verbargen sich, dennoch diente Tag für Tag einer von ihnen dem Vogel als Nahrung, wurden die Schwächsten der Gefangenen für Halulus Mahl auserkoren.

Kukali erfasste Mitgefühl mit seinen Leidensgenossen, weshalb er sie von seiner wunderbaren Banane essen ließ, bis sie wieder zu Kräften gekommen waren. »Ihr müsst euch zur Wehr setzen«, animierte er sie und lehrte sie, Steine zu finden, die dazu geeignet waren, Messer und Beile anzufertigen. Schließlich waren alle bestens mit scharfen Steinwaffen ausgerüstet. Während Kukali und seine Mitgefangenen sich auf den entscheidenden Kampf vorbereiteten, war der Vogelgott mehrmals eine Runde von seinem Thron geflogen, um Ausschau nach neuer Beute zu halten. Jedoch war seine Suche erfolglos geblieben, was Halulu zunehmend wütend machte. Er rupfte sich einige Federn aus, die mit Widerhaken bewehrt waren, und schleuderte sie wie Pfeile auf seine Opfer.

Mit ihren Beilen hieben Kukali und seine Leidensgenossen auf Halulus Körper ein und schnitten in sein Fleisch. Sie rissen Federn aus seinem Flügel und zerhackten sie in winzige Stücke. Vor Schmerz brüllte Halulu, da sein Flügel nach und nach ruiniert wurde. Nachdem auch der andere Flügel zerstört worden war, erfasste den Vogelgott ein maßloser Zorn. Er setzte seine Beine als Waffe ein, jedes bestückt mit spitzen Klauen. Kukali sprach Beschwörungen, um seine Freunde zu beschützen und ihren Kampfgeist anzufeuern.

In einem erbitterten Gefecht schnitten sie Halulus Beine ab. Um die Macht des Vogelgottes zu bannen, zerstückelten sie seine Klauen. Sie zerrten den Körper ihres Peinigers nach allen Richtungen und zerteilten ihn. »Wir müssen Halulu zu Asche verbrennen, um seinen Zauber endgültig zu brechen«, erklärte Kukali. Also sammelten sie Zweige, bis Halulus Körper völlig bedeckt war. Sodann entzündeten sie ein Feuer. Aus Kletterpflanzen fertigen sie Seile, mit deren Hilfe sie ihrem Gefängnis entkamen.

Jedoch – zwei von Halulus Brustfedern entwischten den Flammen und flogen zu seiner Schwester Nama-kaeha, die in einem Loch lebte, das keinen Boden kannte. Nama-kaeha war eine Verwandte der Vulkangöttin Pele.

Nama-kaeha roch den Rauch, der an den Federn haftete, und wusste sogleich, dass ihr Bruder tot war. Er konnte bloß von jemandem bezwungen worden sein, der über entsprechende magische Kräfte verfügte. »Wer hat meinen Bruder getötet? Ich will ihn kennen lernen.«

Eines Tages gelangte Kukali zu jenem Loch, wo Nama-kaeha lebte. Nirgendwo konnte er einen Boden erkennen. Dies zu erkunden reizte ihn. Er sagte seinen Begleitern, dass er hinuntersteigen würde, um herauszufinden, welche Mysterien sich in diesem Loch verbargen. Sie flochten ein Seil und befestigten ein Ende um seinen Körper. »Jetzt lasst mich hinunter«, befahl Kukali. Während er Beschwörungen murmelte, gelangte er tiefer und tiefer. Doch mit einem Mal riss das Seil und er fiel ins Bodenlose.

Während er stürzte, erinnerte sich Kukali an die Formel, die er sprechen musste, um unverletzt zu bleiben: »Göttlicher Ku, Wächter meines Lebens, gib mir einen Tropfen vom Wasser des Lebens!« Kukalis Beschwörung besaß große Kraft und sie warf ihn in einen Teich mit dem Wasser des Lebens.

Einer von Nama-kaehas Priestern war ein großer Zauberer. Er beobachtete Kukalis Rettung und sie wurden Freunde. »Wenn man dir Speisen anbietet, darfst du nichts annehmen, was reif ist, denn davon wirst du vergiftet. Selbst der mächtigste Zauber könnte dich nicht retten.« Kukali bedankte sich für diesen Rat und mischte sich unter Nama-kaehas Gefolge. Gewissenhaft hatte er seine wunderbare Bananenschale aufbewahrt und nährte sich von deren reifen Früchten.

Endlich gelangte er dorthin, wo Nama-kaeha residierte. »Sei willkommen.« Herzlich wurde er empfangen. »Nimm von den Früchten, die ich dir zu Ehren aufgetischt habe.« Scheinbar nahm er das Angebot an, jedoch heimlich aß er von seiner magischen Banane. »Ich möchte dich heiraten«, sagte Kukali. Wiewohl Nama-kaeha im ersten Moment wegen dieses Ansinnens irritiert war, willigte sie dennoch ein.

Seine Banane ließ Kukalis Kräfte niemals versiegen.

Nachdem sie eine Zeit lang zusammengelebt hatten, wurde Kukali das Leben in dem Loch ohne Boden langweilig und eine Sehnsucht nach den Wäldern und Stränden Hawaiis bemächtigte sich seiner Gedanken. Er bestieg ein Kanu und segelte davon.

Menehune, die fleißigen kleinen Leute

Über die Menehune

Die Menehune sind ein merkwürdiges Völkchen: klein von Gestalt und von großer Aktivität. Was immer von ihnen verlangt wird, machen sie gemeinsam. Eine ihrer Regeln bestimmt, dass jede begonnene Arbeit noch in derselben Nacht fertig sein muss, andernfalls bleibt sie unvollendet, denn sie beschäftigen sich nicht zweimal mit derselben Sache. Ihr Leitspruch lautet: »In einer Nacht – bis zum Morgengrauen ist es vollbracht.«

Niemand weiß, wann sie kamen, wiewohl behauptet wird, sie wären die Ureinwohner Hawaiis und hätten sich lange vor den göttlichen Stammeltern der Hawaiianer, der Göttin Haumea und dem Gott Wakea, angesiedelt. In jedem Fall sind sie übernatürliche Wesen, geleitet von jemandem, dessen Abstammung edler ist und dessen Autorität sie anerkennen.

Ihr ständiger Aufenthaltsort sind die Berge und Hügel der Inseln, wo sie in Höhlen ihren Unterschlupf finden. Sie ernähren sich von Pudding aus Stärkemehl, einem Brei aus den wilden Pflanzen des Waldes, Süßkartoffeln und gekochten *Taro*-Blättern. Gerne vergnügen sie sich mit dem Wurfringspiel, mit Bogenschießen und Fingerhutverstecken, schätzen aber auch Laufbewerbe und Handringen. Mit Vergnügen rutschen sie über Wiesen oder springen von den Klippen ins Meer. Ebenso singen und musizieren sie leidenschaftlich, spielen die Nasenflöte sowie die *Ti*-Blatt-Trompete, begleitet von einer Trommel, bespannt mit Haifischhaut.

Mit bloßem Auge kann man sie nicht wahrnehmen, denn sie sind unsichtbar, außer für ihresgleichen und für jene, die ihnen in irgendeiner Weise verbunden sind. Das Brummen ihrer Stimmen kann man allerdings hören. Stets sind sie bereit, einer Bitte um Hilfe Folge zu leisten, da ihre übernatürlichen Kräfte es ihnen ermöglichen, außergewöhnliche Werke zu vollbringen. Vermutlich haben sie auch Gewalt über das Wetter.

Es empfiehlt sich, entlang ihrer Routen an bestimmten Felsen Geschenke zu hinterlegen, insbesondere dort, wo ein Menehune wegen Ungehorsamkeit oder Narreteien versteinert worden ist. Denn es gab mitunter Probleme wegen Diebstahls oder weil so mancher eine Hawaiianerin entführt und zur Frau genommen hatte.

Pi bereitet ein Fest vor

Der Häuptling Ola wollte das Wasser des Flusses Waimea umlenken, damit er seine *Taro*-Felder bewässern könne. »Wir werden den Fluss aufstauen«, erklärte er seinen Untertanen, »und einen Damm errichten, um das Wasser auf unsere Felder zu leiten. Wenn sie ausreichend mit Wasser versorgt werden, haben wir Nahrung für das ganze Dorf.«

Die Arbeit war schwer. Tag für Tag schleppten die Männer Steine, behauten sie und passten sie in den Damm. Ola entlohnte seine Arbeiter gut. Jeder der Männer nahm reichlich Fische mit nach Hause sowie Gemüse oder *Kapa* für die Kleidung seiner Familie.

Einer der Männer arbeitete hingegen wenig: Pi war zwar ebenso freundlich wie fröhlich, aber furchtbar faul. Lieber feierte er des Nachts und schlief tagsüber. Da er kaum etwas zum Damm des Häuptlings beitrug, erhielt er wenig Lohn.

»Wir haben Hunger«, klagten die Kinder von Pi, »all unsere Spielgefährten können sich jeden Abend mit Fischen satt essen.« Pi hatte mal wieder den ganzen Tag verschlafen und keinen einzigen Fisch heimgebracht.

Auch die Kleider der Kinder ließen zu wünschen übrig, waren zerschlissen und brüchig. Jedoch die Mutter hatte keinen Kapastoff, um neue anzufertigen.

»Pi, warum hast du nicht gearbeitet und bist stattdessen faul im Schatten gelegen?«, schimpfte sie mit ihrem Mann. »Deine Kinder wollen essen und tragen zerrissene Kleider. Während alle anderen Männer an dem Damm arbeiten und genügend Essen nach Hause bringen, verschläfst du die Tage.«

Pi konnte die Argumente seiner Frau nicht widerlegen. Also schwieg er lieber. Jedoch – tagtägliche Arbeit unter der sengenden Sonne kam für Pi ganz und gar nicht in Frage. Es muss einen anderen Weg geben, dachte er. Er legte sich in den Schatten und grübelte so lange, bis ihm eine Lösung eingefallen war.

Als sich die Dämmerung ankündigte, ging er zu seinem Tarofeld und erntete es ab. Sodann heizte er den Erdofen und füllte ihn mit den Tarowurzeln. Er war verschwitzt und müde, machte aber keine Rast, sondern ging einen steilen Pfad hinauf in die Unwegsamkeit des Waldes.

Immer weiter wanderte er, bis er auf einen Wächter der Menehune traf. »Heute Nacht wird ein Fest vorbereitet«, erzählte er dem Wächter, »ein Fest für alle Menehune. Es wird stattfinden unten am Damm, den unser Häuptling bauen lässt.«

Obwohl der Wächter ein wenig schlaftrunken war, wusste er sogleich, dass Pi um Hilfe bat. »Wir werden kommen«, versprach er.

Pi pflückte so viele *Ti*-Blätter, wie er auf seinem Rücken tragen konnte. Jetzt musste noch ein kleiner *Kukui*-Baum gefällt und ins Tal geschleppt werden. Sodann öffnete er seinen Erdofen, schälte die Tarowurzeln und zerstampfte sie zu *Poi*. Seine Arme und sein Rücken schmerzten, aber er arbeitete weiter, bis sämtliche Wurzeln zerstampft waren. Den Brei füllte er in die Blätter und fertigte daraus Päckchen, die er an den Ästen des Kukui-Baumes befestigte.

Olas Arbeiter waren längst heimgegangen, sodass niemand Pi beobachtete, als er den Kukui-Baum nahe dem Damm aufstellte. Der Baum schien reichlich mit Nüssen behangen, doch jede Nuss war ein Päckchen mit wohlschmeckendem Poi. Zufrieden hielt Pi inne und bewunderte sein Werk.

Doch das Brummen vieler Stimmen ließ ihn nicht lange rasten. Das konnten nur die Menehune sein, die sich flott näherten. Pi musste sich beeilen, zumal das Fest erst zur Hälfte vorbereitet war. Es galt noch Krabben zu fangen.

Während Pi sich auf Krabbenjagd begab, machten sich die Menehune an die Arbeit. Steine wurden von Hand zu Hand gereicht und derart behauen, dass sie sich perfekt einpassten. Geschickt bauten die kleinen Männer jenen Damm, der das Wasser des Waimea zu den Tarofeldern umleiten sollte.

Bevor der erste zaghafte Strahl des Morgens sich blicken ließ, war das Werk vollendet. Auch Pi war am Ende seiner Kräfte. Erschöpft beobachtete er, wie die Menehune sich an Poi und Krabben delektierten. Nachdem sie keinen Bissen mehr hinunterbrachten, machten sie sich auf den Heimweg. Allmählich verschwand ihr wohlgelauntes Brummen im Wald. Noch vor Tagesanbruch trottete Pi zurück in seine Hütte. Den Schlaf hatte er sich nun redlich verdient.

Relativ pünktlich des Morgens erschienen Häuptling Ola und seine Männer, um ihre Arbeit an dem Damm fortzusetzen. Starr vor Verwunderung standen sie umher. Bis einer seinen offenen Mund zu einem Wort formte: »Fertig!« Wasser floss bereits auf die ausgetrockneten Tarofelder.

Skeptisch gingen sie umher, betrachteten den Damm und wussten nicht, was zu sagen. »Menehune!«, meinte jener, der als Erster die Sprache wiedergefunden hatte. Erst zaghaft, dann entschlossen berührten die Männer den Damm, überprüften seine Konstruktion und wunderten sich über die tadellose Ausführung.

Ola nickte bedächtig und bemerkte: »In einer Nacht haben sie es vollbracht.«

»Aber warum sind sie gekommen?«, fragte einer.

»Du bringst mich in Verlegenheit«, erwiderte Ola, »denn ich kenne die Menehune nicht und habe sie nicht gerufen.«

Die Männer blickten einander an, um herauszufinden, wer von ihnen die Menehune herbeigelockt haben könnte. Plötzlich vermutete jemand: »Es kann nur Pi gewesen sein, der sich mit den Menehune angefreundet hat.«

Ola befahl einem seiner Diener, Pi zu befragen, ob die Menehune auf sein Ersuchen hilfreich eingegriffen hätten.

Der Diener fand Pi schlafend. Es war gar nicht einfach, ihn aufzuwecken, da er sehr tief schlief. Auf die Frage des Dieners meinte er: »Ich habe beobachtet, wie schwer unsere Leute arbeiten mussten, deshalb habe ich ein Festmahl für die Menehune vorbereitet und sie ersucht, aus den Bergen herunterzukommen.«

Der Häuptling ordnete ein Gelage zu Ehren von Pi an und beschenkte ihn reichlich. Pi brachte neue Kleider, ausgezeichneten Fisch und jede Menge Leckereien für seine Familie mit nach Hause.

Noch heute existiert jener Damm, den die Menehune innerhalb einer Nacht errichtet haben.

Laka und sein Kanu

Laka war der Sohn eines Häuptlings. Da sein Vater von einer Reise nach der großen Hawaii-Insel nicht mehr zurückgekehrt war, nahm ihn seine Großmutter in ihre Obhut. Sobald Laka erwachsen war, fragte er nach seinem Vater, denn er wollte sich auf die Suche nach ihm machen. Dazu benötigte er ein Kanu. Also bat er seine Großmutter um Rat.

»Gehe in die Berge und suche nach einem Baum, dessen Blätter die Form des zunehmenden Mondes haben«, erwiderte die Großmutter. »Dies wird dein Baum für ein Kanu sein.«

Laka befolgte ihre Anweisung und machte sich auf die Suche. Nachdem er einen Baum gefunden hatte, der Großmutters Beschreibung entsprach, fällte er ihn. Es dämmerte bereits, als er damit fertig war. Müde trat er den Heimweg an. Alle weiteren Schritte, aus dem Baum ein Kanu zu fertigen, wollte er am nächsten Tag erledigen.

Als Laka an jene Stelle zurückkehrte, wo der gefällte Baum liegen sollte, konnte er ihn zu seiner Überraschung nicht mehr finden. Dann muss ich einen anderen Baum fällen, dachte er und machte sich an die Arbeit. Jedoch auch am folgenden Tag fand er seinen Baum nicht wieder.

Ich werde mir eben ein paar Markierungen auslegen, womöglich bin ich vom Weg abgekommen, überlegte Laka, obwohl er kaum daran Zweifel hegte, sich nicht verirrt zu haben, denn er kannte den Wald genau.

Noch einige Male wiederholten sich diese Vorfälle. Entweder spielt mir jemand einen Streich oder ich habe einen Fehler gemacht und Großmutter nicht richtig verstanden, grübelte Laka. In seiner Verwirrung wandte er sich nochmals an seine Großmutter, die dieselben Worte sprach und ihn aufs Neue mit dem Rat fortschickte, nach einem Baum Ausschau zu halten, dessen Blätter einer wachsenden Mondsichel glichen.

Diesmal werde ich eine Grube an jener Seite ausheben, auf die der Baum fallen wird, entschloss er sich. Wie geplant, fiel der Baum in den Graben. Laka kroch in die Grube und legte sich auf die Lauer. Nicht lange musste er warten, bis er Stimmen wahrnahm.

»Wir werden den Baum wieder aufstellen und ihn in seine ursprüngliche Position bringen.« Die Stimmen sangen ein Lied, Laka konnte es deutlich hören. Das Ganze klang nach einer Zeremonie.

Ein Brummen und ein Lärmen umgaben ihn. In kürzester Zeit tummelte sich eine Vielzahl von Leuten um seinen Unterschlupf, die sich mühten, den Baum aufzurichten. Laka wartete auf einen günstigen Moment. Sodann sprang er aus seinem Versteck und ergriff zwei der Männer. »Ich werde euch erwürgen, wenn ihr diesen Baum wieder aufstellt, den ich für mein Kanu gefällt habe.«

»Wenn du uns tötest, wird dir niemand helfen, aus dem Baum ein Kanu zu fertigen«, sagte Moku-halii. »Und niemand wird dir helfen, es an den Strand zu befördern«, ergänzte Kapaa-ikee. »Jedoch wenn du uns verschonst, würden wir dies gern für dich tun«, versprachen die beiden Menehune.

»Wie kann ich euch vertrauen?« Laka war misstrauisch und wollte nicht wieder ausgetrickst werden.

»Wir Menehune halten uns an Abmachungen«, beteuerte Moku-halii gekränkt. »Deine Aufgabe ist es, ein *Halau*, also eine Hütte entsprechender Größe, für dein Kanu zu errichten sowie genügend Essen für uns alle zur Verfügung zu stellen«, forderte Kapaa-ikee.

»Abgemacht«, sagte Laka, »ich lasse mich auf diesen Handel ein, aber wehe, ihr betrügt mich.« Und er ließ die beiden Menehune los.

Gleich am nächsten Morgen machte Laka sich an die Arbeit. An einer Stelle, wo der Strand einen günstigen Zugang zum Meer gestattete, zimmerte er eine langgestreckte Hütte, wie sie von den Hawaiianern für ihre Kanus benützt wurde, und deckte sie mit Palmblättern.

Nachdem sein Werk vollendet war, ging er hinauf in die Wälder, um festzustellen, ob sich die Menehune an die Vereinbarung gehalten hatten. Sein Kanu lag bereit. »Noch in dieser Nacht werden wir das Kanu zu deinem Halau transportieren«, erklärten die Menehune. »Damit es keinen Schaden erleide, werden wir es nicht zum Strand ziehen, sondern tragen.«

Das erste Brummen der Stimmen signalisierte, dass das Kanu gehoben wurde. Laka lauschte in die Nacht hinein. Ein zweites Brummen zeigte an, dass das Kanu über die Hänge der Berge ans Ufer des Meeres gebracht wurde. Laka beobachtete, wie schwer die Menehune schleppten. Mit dem dritten Brummen wurde das Kanu in die Halauhütte gelegt – jederzeit bereit zu einer Fahrt über das Meer. Sogar Auslegerarme hatten die Menehune an dem Kanu fixiert.

Inzwischen hatte Laka das Mahl für die Menehune vorbereitet: Fische und Krabben, gekochte *Taro*-Blätter sowie einen Topf mit *Poi*. Genug für alle, niemand kam zu kurz. Gesättigt kehrten die Menehune bei Sonnenaufgang zurück in ihr Reich.

Kekupuas Kanu

Häuptling Kakae herrschte auf der Insel Oahu. Eines Tages bat ihn seine Frau, sich auf die Suche nach ihrem Bruder machen zu dürfen, von dem sie meinte, er würde in *Kahiki* leben. Kakae befahl seinem Diener Kekupua, in den Wäldern einen geeigneten Baum zu fällen, um daraus ein Kanu für seine Frau herzustellen, mit dem sie ihre weite Reise würde antreten können.

Kekupua wählte einige Männer als Helfer aus, um seinen Auftrag zu erfüllen. »Wir werden einen *Koa*-Baum finden«, versprach Kekupua zuversichtlich. Doch das Glück war nicht auf seiner Seite.

Den ganzen Tag waren die Männer erfolglos durch die Wälder gestreift. Ermattet wählten sie eine Höhle für ihre Nachtruhe und schliefen bald ein. Ein Geräusch weckte sie – als wären menschliche Stimmen ganz in ihrer Nähe. Sie lauschten, woher die Stimmen wohl kommen mochten, aber sie konnten niemanden entdecken. Den Rest der Nacht fanden sie kaum Ruhe.

Nachdem die Sonne aufgegangen war und die Männer vor ihre Höhle traten, entdeckten sie eine Ansammlung von Steinen, die angeordnet waren wie für einen Tempel. Denn die hawaiischen Tempel waren keine überdachten Häuser, vielmehr wurde die Heiligkeit eines Ortes durch eine bestimmte Anordnung von Steinen markiert.

Kekupua kehrte zu seinem Häuptling zurück und berichtete von seiner erfolglosen Suche nach einem Koa-Baum für das gewünschte Kanu. Auch den Zwischenfall mit den unsichtbaren Stimmen sowie die merkwürdigen Steine erwähnte er.

Kakae, der ein Nachkomme der Menehune war, wusste sogleich Bescheid. »Das waren die Menehune. Indem sie Steine gleich einem Tempel anordneten, haben sie mir ihre Dienste angeboten.« Er gab Kekupua detaillierte Anweisungen, welchen Weg er einzuschlagen habe, und schärfte ihm ein, sich genau daran zu halten. »Wenn du das Brummen und den Lärm der Menehune hörst, ist dies ein Zeichen, dass sie das Kanu fertig gestellt haben.«

Kekupua befolgte alle Anweisungen gewissenhaft. Tagsüber schlief er, um in der Nacht bereit zu sein, sobald die Menehune kamen. Er musste wohl ein wenig im Halbdunkel des Waldes eingenickt sein, als ihn das Geräusch vieler Stimmen weckte. Voll Neugierde blickte er sich um und sah, wie die kleinen Männer geschäftig umherwuselten. Das Kanu war fertig, aus einem prächtigen Koa-Baum gefertigt. Kekupua war begeistert von der tadellosen Ausführung.

Nunmehr musste das Kanu vom Wald ins Wasser befördert werden. Kekupua übernahm das Kommando. Er erteilte zwei Menehune den Auftrag, das Kanu mit einem Seil, das am Bug befestigt war, talwärts zu ziehen. Ein anderer hüpfte zwischen den beiden Seiten des Kanus hin und her, wechselte zwischen Steuerbord und Backbord, um den Fortgang der Arbeit zu koordinieren. Für die anstrengende Aufgabe, das Kanu zu bremsen, auf dass es nicht unkontrolliert den Hang hinabschlittere, waren mehrere Menehune erforderlich. Mit aller Kraft hielten sie die Seile, die am Heck angebracht waren, und stemmten sich dagegen.

Kekupua verlangte, dass sie seinen Anweisungen gehorchten. Dass da ein Mann daherkam, der ihnen zeigen wollte, wie man ein Kanu ins Meer beförderte, erstaunte die Menehune, jedoch sie widersprachen nicht.

Kekupuas Plan war, das Kanu an eine bestimmte Stelle des

Flusses zu ziehen, die ihm leicht zugänglich schien. Allerdings war die Sache weitaus schwieriger, als er es sich vorgestellt hatte, sodass viel Zeit verloren ging. Bei Tagesanbruch ließen die Menehune ihre Last fallen, um in ihre Höhlen zu verschwinden. Für immer blieb das Kanu dort liegen, wo die Menehune es zurückgelassen hatten, und allmählich versteinerte es. Die Einheimischen nennen jenen Felsen »Kekupuas Kanu« – in Erinnerung an jenen selbstgefälligen Diener des Häuptlings Kakae, der glaubte, die Menehune kommandieren zu können.

Wie die Menehune ihre Fische retteten

Die ganze Nacht über hatten die Menehune gefischt. Beim ersten Strahl der Sonne standen sie vor einem beachtlichen Fang. »Wir sollten sie noch heute Nacht trocknen«, meinten einige. »Wenn wir sie einsalzen, haben wir Nahrung für viele Nächte.«

Da der Morgen bereits dämmerte, entschieden sie, dies in der nächsten Nacht in Angriff zu nehmen. Um aber die Fische nicht unbewacht liegen zu lassen, bestimmten sie Wachen, die tagsüber auf sie aufzupassen hatten.

Die beiden Menehune, denen diese Aufgabe zugefallen war, langweilten sich ziemlich, zumal der Tag recht träge dahinkroch. Doch plötzlich meinte der eine: »Hörst du auch diesen merkwürdigen Lärm? Als würde gelegentlich ein Stein irgendwo herunterrutschen!« Der andere Wächter nickte: »Ich habe mich auch schon gefragt, woher diese Geräusche kommen mögen.« Sie schwiegen, um genauer zu lauschen.

»Jedenfalls kommen sie weder vom Strand noch von den Bergen.« Der Wächter gab seinem Kollegen Recht. Sie horchten wieder. Das Poltern und Pochen war nach wie vor zu vernehmen.

»Das muss ein nahe gelegener Tunnel durch die Berge sein«, behauptete der eine. »Irgendjemand nähert sich durch einen unterirdischen Gang.«

»Als ob Steine gegeneinander schlügen.« Er presste sein Ohr fest auf den Boden. »Ich höre, es sind ihrer viele.«

»Es sind diese bösen Geister, die auf den Bergspitzen hausen. Sie haben unsere Fische entdeckt und nun kommen sie, um sie zu stehlen. Wir müssen die anderen wecken!«

Bald hatte sich eine Gruppe der kleinen Männer versammelt und sie diskutierten mit leisen Stimmen die Gefahr. »Ich habe einen Plan«, verkündete der Oberste. »Wir schlagen unsererseits einen Schacht in den Berg und überraschen die Geister.«

Sogleich machten sie sich ans Werk. Da sie überaus zahlreich waren und ihre Geschicklichkeit groß war, gruben sie den Stollen mit höchster Geschwindigkeit dorthin, wo sich die Geister tummelten. »Sobald unser Tunnel den ihren erreicht hat, werden wir sie bezwingen.« Niemand zweifelte an den Worten des Obersten.

Als die bösen Geister einer nach dem anderen durch den unterirdischen Gang krochen, fielen die Menehune über sie her und töteten sie alle. Auf diese Weise wurden ihre Fische gerettet, die ihnen viele Nächte lang als Nahrung dienen sollten.

Wer die Geschichte nicht glaubt, kann sich selbst davon überzeugen, denn der Tunnel, den die kleinen Männer gegraben haben, besteht noch immer – nämlich in Haena, wo er von einer trockenen Höhle weit in den Berg hineinreicht.

Ein Helm für den Hügel Kuili

Einige Menehune saßen am Waldesrand und blickten die Hänge des Berges Huala-lai hinab. Plötzlich kam einem die Idee: »Tragen wir doch einfach den Gipfel des Felsens unter uns ab.«

»Warum sollten wir das tun?«, fragten die einen und die anderen meinten: »Wohin mit den Steinen und der Erde?«

»Dumme Frage! Natürlich auf den kleinen Hügel Kuili nahe der Küste. Der Huala-lai sieht aus wie ein Helm und es wäre hübsch, würde der Kuili auch einen Helm tragen.«

Dieser Gedanke amüsierte die Menehune und ihr Gelächter erfüllte die Luft. »Der Kuili bekommt einen Helm«, riefen sie vergnügt, »einen Helm für den Kuili.«

Der Oberste der Menehune näherte sich der Gruppe, um herauszufinden, warum seine Leute dermaßen vergnügt waren, und sie verrieten ihm ihre Idee.

»Ein ausgezeichneter Plan«, nickte der Oberste. »Wenn die Hawaiianer einen Helm auf dem Kuili erblicken, werden sie mit Bewunderung unsere Macht zur Kenntnis nehmen und erkennen, dass wir Menehune ebenso mächtig sind wie die Götter.«

Die kleinen Männer bogen sich vor Wonne und genossen diese Aussicht. »Noch heute Nacht werden wir dieses Werk beginnen.«

Sobald die Dunkelheit eingefallen war, versammelten sich die Menehune um den Gipfel jenes Berges und wenig später verursachten ihre Grabstöcke eine beträchtliche Staubwolke. Der Oberste beaufsichtigte die Arbeit. »Die Spitze des Felsens ist bereits locker«, verkündete er, »seid vorsichtig.«

In diesem Moment ertönte aus dem Wald das Krähen eines Hahnes. »Es ist Morgen!« Dies war das Zeichen für sie, die Arbeit einzustellen. Alle ließen ihr Werkzeug fallen und schickten sich an davonzueilen.

Indes blickte einer um sich und bemerkte: »Noch ist es nicht Morgen. Schaut doch auf die Sterne. Wir sollten unsere Arbeit vollenden.«

Der Oberste rügte streng: »Wie du weißt, dürfen wir nicht nach dem Hahnenschrei arbeiten. So lautet unser Gesetz. Auf eure Schlafmatten, Menehune!«

In der nächsten Nacht sausten wieder ihre Grabstöcke. Während die Menehune alle Arbeiten für die Menschen in einer Nacht fertig stellten, hielten sie sich nicht allzu genau an diese Regel, wenn sie etwas zu ihrem eigenen Vergnügen taten. »Bald ist der Gipfel abgetragen, dann können wir die Steine an ihrem neuen Ort aufschichten. Nur ein paar Stunden noch«, feuerte der Oberste seine Leute an.

Vor Fröhlichkeit kicherten die Menehune und flink setzten sie ihre Grabwerkzeuge ein – als plötzlich wieder ein Hahn krähte. Verwundert blickten sich die kleinen Leute um. »Schnell, verschwinden wir«, rief jemand.

»Es ist erst Mitternacht, wir können unser Werk fortsetzen«, widersprach ein anderer und hieb sein Grabwerkzeug fest in den Boden.

»Hinweg mit euch, Menehune!«, kommandierte der Oberste. »Der Hahnenschrei ist ertönt und wir müssen unserem Gesetz Folge leisten.«

Die Menehune hetzten den Berg hinauf und versammelten sich im Wald, um sich zu beraten. »Es gilt, etwas gegen diesen Hahn zu unternehmen«, meinte einer. »Sehr richtig, wir können nicht dulden, dass er ständig unsere Arbeit stört«, pflichtete ihm ein anderer bei.

»Das ist ein böser Hahn, deshalb werden wir ihn töten«, entschied der Oberste.

»Sein Krähen kam aus dem Hibiskuswald«, sagte einer der Menehune.

»So habe ich es auch gehört«, bestätigte der Oberste. »Noch heute Nacht werde ich ihn mit zwei meiner Krieger ausfindig machen. Niemals mehr soll sein Krähen unser Werk beeinträchtigen.«

Sogleich brach der Oberste mit seinen beiden Gefolgsleuten auf, um den *Ohia*-Wald zu durchsuchen. Die ganze Nacht hielten sie Ausschau nach dem Versteck des Hahns. Allmählich begann der Morgen zu dämmern, als der Oberste flüsterte: »Ich höre den Gesang der Schnecken.« In diesem Augenblick krähte der Hahn – sehr nahe und ungemein laut.

»Hier steckt er!« Der Krieger wies auf eine Anhöhe oberhalb einer Höhle. Schon fasste der Oberste nach dem Hals des Hahns und würgte ihn zu Tode.

Gut gelaunt machten sich die Menehune in der dritten Nacht an ihre Arbeit. »In dieser Nacht wird der Kuili endlich seinen Helm tragen«, frohlockten sie. Danach würde der Hahn im Erdofen gebraten. Der Appetit auf den Festschmaus beflügelte sie. Schneller als jemals zuvor machten sie sich ans Werk. Zufrieden beobachtete der Oberste die Fortschritte. – Als laut und klar ein Hahnenschrei aus dem Ohia-Wald die Menehune irritierte. »Wir sind verpflichtet zu gehorchen.« Nur schwer konnte der Oberste seine Verbitterung verbergen.

»Warum habt ihr nicht beide Hähne getötet?« Protestierend huschten die Menehune in die Berge.

»Woher konnten wir wissen, dass es zwei Hähne waren?« Trotzig rechtfertigten sich die beiden Männer, die an der nächtlichen Suche teilgenommen hatten, denn alle Menehune waren zornig und enttäuscht. »Nun beginnt das Graben aufs Neue«, schimpften sie im Chor.

»Murrt nicht, Leute«, beruhigte der Oberste seine Untertanen, »denkt an unser Fest und den Hahn im Erdofen, der uns allen schmecken wird.« Dies war wenigstens eine viel versprechende Aussicht.

Behände wurde die Erde aus dem Erdofen entfernt, wurden die Bananenblätter herausgehoben, sodass man bereits den köstlichen Geruch eines gebratenen Hahns erahnen konnte. Alle freuten sich auf den Festschmaus. »Unser Erdofen ist leer! Der Hahn ist nicht drinnen!« Dicht drängten sich die Menehune um den Erdofen, jeder wollte es mit eigenen Augen sehen. Mit knurrenden Mägen schlichen sie heim.

Die Menehune konnten erst nicht begreifen, was geschehen war. Schließlich erfuhren sie, dass der Gott Kane ihr Vorhaben beobachtet und den Plan missbilligt hatte. Um zu verhindern, dass die Menehune aus bloßem Vergnügen dem Hügel Kuili einen Helm aufsetzten, hatte er seinen heiligen Hahn gesandt. Nachdem die Menehune seinen Hahn getötet hatten, hatte Kane ihn aus dem Erdofen geholt und ihn mit dem Wasser des Lebens übergossen: »Damit die Hawaiianer die Menehune nicht für ebenso mächtig erachten wie die Götter!«

Niemals mehr versuchten die Menehune, dem Kuili einen Helm aufzusetzen.

Geister,
Götter,
Haie,
Drachen

Die Legende vom Brotfruchtbaum

Am Ufer des Flusses Pue-hue stand ein gewaltiger Baum. Dieser wunderbare Brotfruchtbaum war ein Tabu-Baum, Adeligen und Königen vorbehalten, wenn sie auf ihrem Weg zu den Teichen, wo sie zu baden pflegten, unter seinem Schatten rasteten. Eines Tages verwandelte sich jener Baum in eine Gottheit. Dies ist die Geschichte seiner Metamorphose.

Die Göttin Haumea und ihr Ehemann Wakea waren die Vorfahren seefahrender Leute, die über die pazifischen Inseln verstreut lebten. Haumea und Wakea segelten von *Kahiki*, einem weit entfernten Land, über das Meer, bis sie die Hawaii-Insel Oahu erreichten.

Haumea war eine attraktive Frau. Ihre Haut war ihre einzige Kleidung und schimmerte wie dunkles Elfenbein durch die Zweige und Blätter der Bäume. Jene Frauen, die über Zauberkräfte und wundersame Fähigkeiten verfügten, wurden *Kupua* bezeichnet. Haumea war eine solche Frau und sie besaß mehrere Namen; so wurde sie auch Papa genannt.

Dort, wo Haumea und ihr Mann sich niedergelassen hatten, fanden sie ein fruchtbares Land vor. Also pflanzten sie Bananen, Zuckerrohr und *Taro*, sodass es ihnen an Essen nicht mangelte. Ihr Haus errichteten sie auf dem Kamm eines Berges, von wo sie eine herrliche Aussicht über das Land und das Meer genossen.

Eines Tages blickte Haumea hinunter zur Küste, sah die klaren und tiefen Teiche, in denen sich üppig die köstlichsten Fische tummelten. Sie pflückte einige der langen Blätter des *Hala*-Baumes, fertigte daraus ein Behältnis und ging hinunter an den Strand. Innerhalb kurzer Zeit war ihr Korb mit Seetang und Krabben gefüllt, die sie an einer Quelle mit frischem Wasser wusch.

Als sie einen Moment von ihrer Arbeit aufblickte, bemerkte sie, dass einige Männer Wakea gefesselt hatten und ihn einen Abhang hinuntertrieben. Vor Angst und Ärger schlug Haumeas Herz schneller. Augenblicklich ließ sie die Krabben und den Seetang liegen und nahm die Verfolgung auf. Der Seetang schlug Wurzeln, während die Krabben ins Meer entkamen.

Wie auf allen Hawaii-Inseln teilten sich auch auf Oahu mehrere Häuptlinge die Macht. Einer von ihnen war Lele-hoo-mao. Seine Felder waren von Haumea und ihrem Mann Wakea mehrmals geplündert worden. Lele-hoo-mao hatte an jenem Tag seinen Leuten den Auftrag erteilt, nach dem Dieb Ausschau zu halten. Sie waren in den Feldern umhergestreift, als sie Wakea entdeckt und ihn gefangen genommen hatten. »Endlich haben wir den Übeltäter aufgespürt und gefesselt!«, jubelten sie. Sie trieben ihn zum Tempel Pakaka, damit er dort geopfert werde.

Haumea erreichte den Steilhang des Tals. Nachdem sie hinuntergespäht hatte, lief sie ohne zu zögern ihrem Mann Wakea und seinen Bewachern hinterdrein. Am Ufer des Puehue begegnete sie einem Fremden, der zu ihr sagte: »Soeben wurde ein Mann vorbeigetrieben, der noch heute auf einem Scheiterhaufen gebacken werden soll. Das Feuer brennt bereits unten im Tal.«

Haumea antwortete: »Gib mir Wasser zu trinken.«

»Ich habe keines«, erwiderte der Mann.

Daraufhin ergriff Haumea einen Stein und schleuderte diesen zu Boden. Er drang tief in das Erdreich ein, wo er auf eine

Quelle stieß. Haumea labte sich mit ein paar kräftigen Schlucken und hastete weiter. Bei dem Brotfruchtbaum holte sie ihren Mann und seine Bewacher ein.

Wakeas Hände waren hinter dem Rücken zusammengebunden und sein Körper wies etliche Verletzungen auf. »Ich muss meinen Mann küssen, um von ihm Abschied zu nehmen«, jammerte Haumea. Dabei warf sie sich auf ihn, zog und schob ihn hin und her, drehte Wakea im Kreis.

Mit einem Mal öffnete sich die Rinde des großen Brotfruchtbaumes. Durch den Spalt drängte Haumea ihren Mann in das Innere des Baumes und schlüpfte selbst hinterdrein. Im nächsten Moment schloss sich die Lücke.

Durch ihre Zauberkraft öffnete Haumea den Baum an der gegenüberliegenden Seite, sodass sie beide entkommen konnten.

Wütend droschen die Männer gegen den Baum, doch seine Rinde blieb fest verschlossen. Sie konnten nicht begreifen, warum ihnen ihr Gefangener entflohen war. Einer der Wächter kletterte die mächtigen Äste empor, fand aber keine Spur von Haumea und Wakea. »Der Baum hält Wakea gefangen«, sprachen sie zueinander.

Bald erreichte den Häuptling Lele-hoo-mao die Nachricht, dass sein Opfer für den vorbereiteten Scheiterhaufen in dem Brotfruchtbaum verschwunden war.

Lele-hoo-mao verständigte die anderen Häuptlinge, um sich mit ihnen zu beraten: »Wie sollen wir vorgehen?«

Die Häuptlinge entschieden, den Baum zu fällen: »Dadurch zwingen wir den Gefangenen, sein Versteck zu verlassen.« Also schickten sie einige Holzfäller zu dem Baum.

Der Anführer der Truppe holte mit seiner Axt aus und hieb auf den Brotfruchtbaum. Ein Splitter traf seinen Körper und er fiel tot um. Sogleich ergriff ein anderer die Axt. Späne flogen durch die Luft. Tödlich verletzt stürzte auch dieser Mann zu Boden.

»Wir werden dich zu Fall bringen, sosehr du dich auch dagegen wehrst«, drohten sie dem Baum. Weitere Männer schlugen auf den Baum ein. Jedoch alle, die von einem Holzsplitter getroffen wurden, starben. Unter den Hieben der Steinäxte spritzte der Saft des Baumes umher. Wer von einem Tropfen benetzt wurde, fiel ebenfalls leblos zu Boden.

»Der Baum tötet uns alle!« Angst ergriff die Menschen und sie baten ihren Schamanen um Rat und Hilfe. Wohi, der weise Mann, beugte sich vor dem Brotfruchtbaum nieder und verharrte eine geraume Weile in völliger Ruhe. Schließlich erhob er sein Haupt und sprach: »Es war Haumea, die in dem Baum verschwunden ist. Als Göttin verfügt sie über eine Vielzahl von Körpern. Wenn ihr sie gut behandelt, wird niemand Schaden erleiden.«

Wohi befahl, dem Baum Opfer darzubringen, bevor man ihn fällte, ihm Gebete und Zaubersprüche zu widmen. »Ihr müsst Haumea ein schwarzes Schwein opfern, einen Krug mit *Awa* sowie rote und schwarze Fische.« Den Holzfällern gebot Wohi, sich gewissenhaft mit Kokosnussöl einzureiben und ohne Angst an die Arbeit zu gehen. Tatsächlich: Obwohl sie von Holzsplittern getroffen und vom Saft des Baumes bespritzt wurden, vollendeten sie unverletzt ihre Tätigkeit.

Aus dem Holz des wundersamen Brotfruchtbaumes wurde die Statue einer Göttin gefertigt. Haumea erhörte die Beschwörungen und überließ dem Baum einen ihrer Namen. Von Haumea mit magischen Kräften ausgestattet, erlangte die Statue den Ruf einer großen Göttin. Sie wurde von Oahu nach Maui gebracht, wo König Ka-meha-meha der Große sie als seine Gottheit beanspruchte. Mit ihrer Hilfe erlangte er die Herrschaft über alle Inseln und vereinte Hawaii zu einem Königreich.

Haumea und der Baum der zweifachen Blüten

Mu-lei-ula, die Tochter des Häuptlings Olopana, war schwanger. Jedoch als die Geburt des Kindes bevorstand, kam es zu Komplikationen. Es schien, als müsse Mu-lei-ula sterben. Olopana machte sich große Sorgen und bat die Göttin Haumea um Hilfe. »Du hast zahlreiche Kinder zur Welt gebracht«, sagte Olopana zu Haumea, »rette meine Tochter vor dem Tod.«

Unter einer Bedingung war Haumea bereit, ihr Wissen zur Verfügung zu stellen. »In deiner Obhut befindet sich ein Baum mit eigenartigen Blüten, die ich sehr gerne mag«, sagte sie zu der Schwangeren. »Ich meine den Baum der zweifachen Blüten. Während sich eine seiner Blüten ständig zeigt, erscheint die andere bloß dann und wann. Wenn du diese Blüten entsprechend meinen Anweisungen isst, werden sie deine Gesundheit wieder herstellen und dein Kind wird gesund zur Welt kommen.«

Mu-lei-ula war überglücklich: »Wie kann ich dir für deine Hilfe danken?«

»Schenke mir diesen Baum, dann will ich dein Leben sowie das Leben deines Kindes retten.«

Ohne einen Moment zu überlegen, willigte Mu-lei-ula ein, obwohl auch sie den Baum überaus liebte.

Mit Beschwörungen begleitete Haumea die Behandlung der Kranken. Bald erholte sich Mu-lei-ula und erlangte ihre Gesundheit zurück. Dies ging dermaßen schnell, dass sie ihr Versprechen bereute: »Ich werde dir den Baum der wunderbaren Blüten nicht geben!«

Sogleich siechte Mu-lei-ula wieder dahin, sodass sie eindringlich nach Haumea rief und ihr gelobte, sich an das Abkommen zu halten. »Vergib mir und mache mich gesund!«, erflehte sie Haumeas Nachsicht. Doch kaum war Mu-lei-ula aufs Neue genesen, kümmerte sie sich nicht weiter um ihr Versprechen. Der Schatten des Todes schwebte über Mu-lei-ula, da Haumea ihren Schutz zurückgezogen hatte.

»Gib deinen Baum auf«, bedrängte Olopana seine Tochter. »Welchen Sinn haben seine Blüten, wenn du seinetwegen zugrunde gehst?« Die Worte ihres Vaters überzeugten Mu-lei-ula. »Nimm den Baum der zweifachen Blüten als Würdigung deiner göttlichen Macht«, sagte sie zu Haumea.

Die Göttin nahm den Baum in Empfang und senkte seine Wurzeln in das Erdreich. Um ihn vor heftigen Stürmen zu schützen, umgab sie ihn mit einer Mauer. Sodann wartete sie so lange, bis alle Blüten aufgingen, um sich daran zu erfreuen. Danach wandte sie sich anderen Dingen zu.

Irgendwann kam ein Mann mit einer Axt des Weges, der nach einem Baum Ausschau hielt, den er fällen könnte. Der Baum der zweifachen Blüten erregte seine Aufmerksamkeit. Wenige Stunden später war der Baum gefällt. Inzwischen war die Dämmerung angebrochen, sodass er ihn liegen ließ und nach Hause ging.

Während der Nacht erhob sich ein gewaltiger Sturm, der von schrecklichen Regenfällen begleitet wurde. Zwanzig Tage und zwanzig Nächte dauerte das Unwetter. Als reißender Fluss ergossen sich die Wassermassen talwärts, zerstörten die Mauer und schwemmten den Baum weit hinaus auf das Meer.

Sechs Monate lang trieben Äste und Stamm auf den Wellen. Schließlich wurde der ansehnlichste Ast ans Ufer der großen Hawaii-Insel gespült. »Seht nur, welch merkwürdiges Holz«, staunten die Leute. Der Häuptling der Gegend nahm den Ast mit nach Hause und gestaltete daraus den Gott Makalei. Dieses göttliche Ebenbild besaß die Fähigkeit, Fische anzulocken.

Ein anderer Ast strandete auf der Insel Maui und einer der Häuptlinge beanspruchte ihn für sich: »Aus diesem Ast werde ich meinen Kriegsgott machen.« Und er schnitt eine Furcht erregende Fratze aus dem Holz, um seine Feinde damit zu erschrecken. In Zeiten des Friedens wurde der Ast dazu benützt, Lebensmittel aufzuhängen, um sie dem Zugriff von Tieren zu entziehen.

Noch immer trieb der Stamm des Baumes auf dem Meer.

Indessen suchte ein Häuptling nach einem Hausgott für sich und seine Frau, denn er sehnte sich nach einem Gott, der allein für ihn da war. In einem Traum wurde ihm versprochen, dass er einen solchen bald finden würde. Drei Tage lang bot er den Göttern Opfer dar und machte sich auf die Suche nach einem Holz, aus dem er seine private Gottheit würde schnitzen können. In der dritten Nacht geleitete ihn ein gutes Omen an den Strand. Erhellt vom Schein des Vollmonds, rollte der Stamm eines Baumes zwischen Wasser und Land hin und her. »Dies wird mein Gott, lange habe ich nach ihm gesucht«, murmelte er und zog den Stamm ans Ufer.

Der Häuptling schnitze sich seinen Gott und nannte ihn Ku-hoo-nee-nuu. Er baute für ihn einen Tempel und belegte den heiligen Ort mit einem Tabu. Allein den Priestern und Häuptlingen war der Zutritt gestattet. Ku-hoo-nee-nuu revanchierte sich für die Verehrung, die ihm der Häuptling entgegenbrachte, sodass dieser zu großem Reichtum und Ansehen gelangte. Die Kunde von der Kraft des Gottes verbreitete sich bald über alle Hawaii-Inseln.

Auch dem König, der über die Insel Oahu herrschte, kam diese Nachricht zu Ohren, weshalb er Boten aussandte, um jene Berichte zu überprüfen. Sollten sie stimmen, beabsichtigte er, Ku-hoo-nee-nuu nach Oahu bringen zu lassen. Da der Häuptling von Maui bereit war, seinen Gott aufzugeben, fand Ku-hoo-nee-nuu in Oahu eine neue Heimstatt. Der König errichtete ihm einen neuen Tempel, den er Pakaka nannte. Fortan verehrte er Ku-hoo-nee-nuu als seinen Kriegsgott.

Die Göttin Haumea und ihr Gatte Wakea

Haumea, die Göttin der Erde und der Fruchtbarkeit, war mit dem Gott Wakea verheiratet, der als Urvater aller Häuptlinge galt – wogegen das einfache Volk von einem Bruder Wakeas abstammte. Haumea und Wakea hatten etliche Kinder, darunter die Feuergöttin Pele, den Haigott Ka-moho-alii und die Hulagöttin Laka, die Haumea aus ihren Augen geboren hatte.

Eines von Haumeas Kindern besaß weder Arme noch Beine, sondern hatte die Form einer Wurzel. Eines Nachts legte Haumea das Wurzelkind in die Ostecke ihres Hauses; am nächsten Morgen war eine *Taro*-Pflanze daraus gewachsen.

Neuerlich gebar Haumea ein Kind. Es war ein Mädchen, das sie Ho-oho-ku nannten. Über die Jahre entwickelte es sich zu einer wunderschönen Frau. Wakea begehrte Ho-oho-ku heftig, sah aber keine Möglichkeit, sein Verlangen zu befriedigen, ohne Haumeas Eifersucht zu wecken. Lange grübelte er über eine Lösung. Sein Freund und Berater fand schließlich einen Ausweg: »Unterbreite Haumea den Vorschlag von Tabu-Nächten, die Mann und Frau getrennt voneinander verbringen sollten. Du musst erklären, dies sei Gottes Wille, der unter keinen Umständen missachtet werden dürfe.« Haumea hegte keinerlei Verdacht und war einverstanden.

Jedoch eines Nachts passierte es: Wakea war mit Ho-oho-ku zusammen, sie hatten ihr Vergnügen miteinander gehabt und waren tief eingeschlafen, sodass sie die Gesänge des Freundes nicht hörten, die sie als Weckzeichen vereinbart hatten. Auf diese Weise entdeckte Haumea den Trick. Sie war fürchterlich wütend. Als Zeichen der Missachtung spuckte sie Wakea ins Gesicht: »Du hast mich belogen und betrogen! Ich werde dich verlassen!« Haumea war nicht bereit, sich mit Wakea zu versöhnen und kehrte nach *Kahiki* zurück, von wo sie beide dereinst nach Hawaii gekommen waren. Wakea schwängerte Ho-oho-ku und sie gebar einen Sohn, der den Namen Haloa erhielt.

Auf Kahiki trat Haumea als Priesterin in einen Tempel ein. Durch die Kraft eines Zauberstabs – der auch Fische anlockte, wenn man ihn ins Wasser hielt – erlangte sie wieder die blühende Jugend eines Mädchens. Inzwischen war ihr Enkel Haloa alt genug, um selbst eine Hütte zu erbauen. Auch ihn zog es nach Kahiki. Ohne zu wissen, wer sie tatsächlich war, verliebte sich Haloa in Haumea, die zwar seine Großmutter war, aber das Aussehen einer jungen Frau besaß. Sie lebten als Ehepaar zusammen und hatten einen Sohn namens Waia, der sich zu einem korrupten und brutalen Herrscher entwickelte: Hielt Waia jemanden für faul, ließ er ihm als Strafe die Hand abhacken oder die Nase wegbrennen.

Haumea verwandelte sich durch die Macht ihres Zauberstocks stets aufs Neue in ein junges Mädchen, vermählte sich mit ihren Kindern und Enkeln und hatte zahlreiche Nachkommen mit ihnen – bis in die achte Generation wiederholten sie ihre Verjüngungen.

Eines Tages aber folgte ihr der Magier Uaia, der begierig war, sich der jungen Frau zu nähern. Er beobachtete Haumea, wie sie ihr Alter abwarf und durch den Zauberstock zu einem blühenden Weib wurde. Uaia fühlte sich betrogen: »Du bist eine alte Frau, wie konnte ich mich in dich verlieben!« Voller Zorn zerbrach er ihren Zauberstock. Dadurch verlor Haumea ihre Fähigkeit, stets wieder jung zu werden. Haumeas Sohn Kio war der erste ihrer Nachfahren, mit dem sie sich nicht mehr paarte. Von ihm stammten in der Folge viele hawaiische Häuptlinge ab.

Häuptling Puna und die Drachenfrau

Nachdem Haumea sich von ihrem Ehemann Wakea getrennt hatte, nahm sie den Häuptling Puna zum Gatten. Eines Tages wollte Puna mit seinen Freunden surfen gehen, aber die Wellen waren nicht besonders gut, sodass sie nach einem besseren Platz suchten. In einer abgelegenen Bucht fanden sie günstigere Bedingungen und paddelten mit ihren Surfbrettern hinaus, um sich von den Wellen ans Ufer tragen zu lassen.

Da bemerkte Puna eine hübsche Frau, die auf dem Meer schwamm. »Das ist kein guter Platz zum Surfen«, rief sie Puna zu. »Ich kenne einen besseren, etwas weiter draußen.« Zu zweit schwammen sie hinaus auf das Meer, bis sie außer Sichtweite waren. Kaum erkannten sie noch die spitzen Felsen der Berge und sie vergaßen alles um sich herum. Die Frau hieß Kiha-wahine und sie wünschte sich, Puna zum Mann zu bekommen.

Sie nahm ihn mit zu ihrer Höhlenbehausung, bereitete sein Mahl, gab ihm Anweisungen und nahm ihn in ihre Obhut. So lebten sie zusammen als Mann und Frau. Puna wusste nicht, dass Kiha-wahine eine Drachenfrau war. Sie hatte Puna verboten, ohne ihre Zustimmung die Umgebung der Höhle zu verlassen oder allein an den Strand zu gehen.

Eines Tages trat Puna vor die Höhle, da er laute Stimmen zu hören glaubte und nachsehen wollte, was deren Ursache sei. »Was bedeutet der Lärm, der vom Strand herauf zu uns tönt?« Beiläufig erwiderte Kiha-wahine: »Vielleicht sind es ein paar

Surfer oder einige vergnügen sich beim Kegeln und der Beste freut sich über seinen Sieg.« Puna meinte: »Es wäre schön, könnte ich all diese Dinge, von denen du sprichst, mit eigenen Augen verfolgen. Auch habe ich große Lust, endlich mal wieder surfen zu gehen.« Kiha-wahine vertröstete Puna: »Morgen wirst du dazu Gelegenheit haben.« Aus einer Ecke der Höhle zauberte Kiha-wahine ein Surfbrett hervor und reichte es ihm.

Am nächsten Morgen ging Puna hinunter zum Strand, um sich den Surfern und Spielern anzuschließen. Einer von ihnen war Hinole, der Bruder seiner Frau Kiha-wahine. »Ich möchte mich mit dir unterhalten«, sagte Hinole. »Du bist mein Schwager, lebst mit meiner Schwester zusammen, hast ihretwegen deine frühere Frau Haumea verlassen. Darf ich dich fragen, ob du mit meiner Schwester glücklich bist?« Puna war einigermaßen verlegen, wand sich um ein klare Antwort.

»Ich fürchte, dir ist nicht bekannt, dass meine Schwester eine Drachenfrau ist. Daher weiß sie alles, was du tust und was du sagst. Das Surfbrett, das sie dir gegeben hat, ist ihre Drachenzunge. Schleiche dich behutsam an, dann kannst du ihre Drachengestalt erkennen.« Puna nickte und nahm sich vor, Hinoles Rat zu befolgen.

»Wenn du dich der Höhle näherst«, hatte ihm Kiha-wahine eingeschärft, »mache dich mit lauter Stimme bemerkbar, huste oder singe, damit ich mich auf deine Ankunft vorbereiten kann.« Jedoch diesmal achtete Puna darauf, kein Geräusch zu verursachen. Erschrocken erkannte er, dass Hinole die Wahrheit gesprochen hatte: Kiha-wahine war eine Drachenfrau. Schnell verbarg er sich, jedoch der Anblick hatte ihn dermaßen schockiert, dass er am ganzen Körper zitterte und nach Luft rang.

»Du bist ein mieser Kerl«, schimpfte Kiha-wahine, die sich inzwischen wieder in eine Frau zurückverwandelt hatte, »kommst dahergeschlichen wie ein Dieb und versteckst dich vor deiner Frau! Aber ich hörte deinen Atem – du dachtest wohl, ich würde dich nicht erkennen? Ich weiß, mein Bruder Hinole hat dich gegen mich aufgehetzt. Eigentlich sollte ich deine Augen verzehren, damit du mir nicht mehr nachspionieren kannst.« Die Drachenfrau war dermaßen verärgert, dass sich ihr Haar im Nacken sträubte. »Ich habe keine Angst vor deiner Drachengestalt«, erklärte Puna. Dies versöhnte Kiha-wahine einigermaßen, sodass sie ihren Ärger vergaß und sich wieder beruhigte.

Das Gespräch mit Hinole ging Puna nicht aus dem Sinn. Er wollte die Drachenfrau verlassen, doch musste er dazu wohl zu einer List greifen. Er überlegte hin und her. Endlich hatte er eine Lösung gefunden: Er gab vor, krank zu sein. »Warum atmest du so schwer?«, fragte seine Frau. »Ich habe Durst und brauche das Wasser der Götter, das Wasser von Poliahu, vom schneebedeckten Berg Mauna Kea«, sprach er zu Kiha-wahine. »Dieses Wasser ist kalt vom Eis und wird mein Fieber kühlen. In meiner Jugend brachten mir meine Großeltern immer ein wenig von dem heiligen Wasser. Wohin ich auch ging, ich trug es bei mir. Ich habe von deinem Wasser getrunken, aber es ist nicht vergleichbar mit dem Wasser von Poliahu. Ich schicke dich nicht danach, denn ich weiß, es ist ein weiter Weg.«
Kiha-wahine beugte sich zu Puna und sagte: »Dein Wunsch nach dem Wasser von Poliahu kann leicht befriedigt werden. Ich werde dir das Wasser holen. Gleich morgen mache ich mich auf den Weg.« Puna hatte indes, wie Hinole ihm geraten hatte, ein paar kleine Löcher in ihre Kalebasse gebohrt, sodass Kiha-wahine das Wasser immer wieder verlieren und ihr Gefäß aufs Neue würde füllen müssen.

Kaum war Kiha-wahine fort, machte sich Puna aus dem Staub. Er nahm ein Kanu und begab sich ebenso wie seine Frau zur großen Hawaii-Insel. Er hoffte, bei der Pele-Familie Schutz zu finden vor Kiha-wahines Rache. Als er an den Rand des Kraters gelangt war, erblickten ihn Peles Schwestern und riefen: »Da

kommt ein Mann, womöglich ein Ehemann für eine von uns!«
Sie nahmen ihn in ihrer Mitte auf und Puna berichtete von der
Drachenfrau.

Pele kam hinzu und sagte: »Nicht mehr lange wird es dauern, dann wird deine Frau hier erscheinen, um nach dir zu
suchen. Dabei wird es zu einem Kampf kommen. Wir werden
dir zur Seite stehen, denn sie wird versuchen, dich zu töten.«

Unterdessen hatte Kiha-wahine das Wasser von Poliahu in ihr
Gefäß gegossen. Sie hob die Kalebasse in die Höhe, doch die war
genauso leicht wie zuvor. Sie blickte sich um und bemerkte,
dass das Wasser zur Gänze auf den Boden geflossen war. Als sie
die Löcher in der Kalebasse entdeckte, erkannte sie sogleich,
dass Puna sie mit einer List weggelockt hatte und geflohen war.
Sie vermutete ihn im Krater von Pele, da sie wusste, dass Punas
frühere Frau Haumea Peles Mutter war.

Wütend schleuderte Kiha-wahine die Kalebasse zu Boden
und kommandierte sämtliche Drachen der Inseln zu sich: »Wir
werden den Vulkan Kilauea angreifen und Pele zwingen, meinen Mann auszuliefern.« Die Drachen konnten es kaum erwarten vorzupreschen. Kiha-wahine stellte Pele ein Ultimatum:
»Wenn ihr mir Puna nicht in den nächsten Minuten übergebt,
werden meine Drachen mit ihrem feurigen Speichel euren Krater zerstören.«

»Puna ist nicht dein Mann, er bleibt bei uns, denn seine Frau
ist Haumea.« Das vulkanische Feuer ließ den Speichel der Drachen verdampfen. Viele von ihnen wurden getötet, andere
trachteten, in Felsklüfte zu entkommen. Kiha-wahine konnte
die Hitze nicht einmal kurze Zeit ertragen und sprang in einen
Teich, um sich abzukühlen, glücklich, mit dem Leben davon-
gekommen zu sein.

In ihrem Kopf hatte sich ein Gedanke festgesetzt: ihren Bruder
Hinole zu töten, um ihn dafür zu bestrafen, dass er Puna dazu
animiert hatte, sie zu verlassen. Hinole ahnte die Bedrohung

und verwandelte sich in den Fisch *Hinalea*. Kiha-wahine versuchte Hinole zwischen den Korallenriffen zu finden, konnte ihn aber nirgendwo erwischen.

Die Drachenfrau gab nicht auf, ihr Groll trieb sie unermüdlich weiter. O-una-una beobachtete sie dabei und fragte: »Wen suchst du, Kiha-wahine?« Darauf erwiderte sie: »Mein Bruder Hinole ist ein Fisch, ich möchte ihn gern fangen.« O-una-una schwieg eine Weile und sagte dann: »Höre mir zu, ich kann dich lehren, diesen Fisch zu schnappen.« Kiha-wahine schwieg, denn sie war begierig, Details zu erfahren. »Besorge dir *Ie-ie*-Zweige, flechte daraus einen Korb und senke ihn hinab zum Grund des Meeres. Nach einer Weile wirst du feststellen, dass der Fisch sich in deinem Korb verfangen hat.«

In aller Eile flocht Kiha-wahine einen Korb, ließ ihn hinab ins Wasser und wartete. In ihrer Ungeduld tauchte sie hinunter, um nachzusehen, ob Hinole schon gefangen sei. Doch der schwamm munter umher und ignorierte Kiha-wahines Korb. Wutentbrannt eilte sie zu O-una-una: »Du hast mich betrogen, deshalb werde ich dich töten!«

O-una-una erwiderte: »Wenn ich sterbe, wirst du niemals erfahren, ob du einen Fehler begangen hast. Deshalb solltest du mir genau berichten, wie du vorgegangen bist, damit ich weiß, ob du meine Anweisungen richtig ausgeführt hast. Es mag auch sein, dass ich vergessen habe, ein Detail zu erwähnen.«

Ausführlich erzählte die Drachenfrau. Da griff sich O-una-una an den Kopf und rief: »Natürlich – ich habe nicht erwähnt, dass du einige Krabben zermalmen und sie in den Korb legen musst. Wende die Öffnung des Korbes nach unten, dann wirst du bald danach deinen Bruder darin finden.«

Tatsächlich verfing sich Hinole in dem Korb seiner Drachenschwester. Kiha-wahine wollte ihn sogleich töten, aber Hinole flehte dermaßen inständig um Gnade, dass sie sich erweichen ließ – doch sie zwang ihn, fortan die Gestalt des Fisches Hinalea beizubehalten.

Der kannibalische Hundemensch

Der Halbgott Ka-upe, der sowohl als Mensch als auch als Hund auftreten konnte, hatte den König von Oahu bezwungen und die Herrschaft über einen großen Teil der Insel übernommen. Niemals attackierte oder verletzte Ka-upe ein Mitglied der adeligen Familien, wiewohl er ein Kannibale war, der bereits etliche Menschen getötet und verspeist hatte.

Um sich nach einem neuen Opfer umzusehen, begab sich Ka-upe zur Insel Maui. Doch dort war er wenig erfolgreich, sodass er bald nach Hawaii weiterreiste. Sein Plan war es, einen jungen Adeligen der Insel in seine Gewalt zu bringen und nach Oahu zu entführen. Durch eine heimtückische Falle gelang es ihm tatsächlich, den Sohn eines Häuptlings zu ergreifen. So schnell er konnte, kehrte er mit seinem Gefangenen zurück nach Oahu, wo er ihn in seinem Tempel einsperrte. Auf der Plattform des Tempels sollte der junge Häuptling den Göttern geopfert werden.

Jedoch – der Vater des Entführten war Ka-upe nach Oahu gefolgt. Er überlegte hin und her, wie er seinen Sohn befreien könne und machte sich schließlich auf die Suche nach Hilfe. Da traf er einen Mann, der ihm riet, Kahi-lona aufzusuchen, der als Priester dem Tempel Ka-he-iki vorstand. Diesen Tempel hatten die Menehune, die »Heinzelmännchen« Hawaiis, innerhalb einer Nacht erbaut. Sie hatten die erforderlichen Steine für die Tempelwand herbeigeschafft, flache Steine für die

Altäre ausgesucht, glatte für den Fußboden bestimmt, hatten Äste des *Ohia*-Baumes gebracht für die Opferplattform, wo Menschen dargebracht wurden. Alle Teile des Tempels, sogar die überdachten Unterkünfte für die Priester und Häuptlinge, hatten die kleinen Leute errichtet.

»Wie ich sehe, bedrückt dich etwas«, sagte Kahi-lona zu dem Häuptling, dessen Sohn von Ka-upe gefangen worden war, »vielleicht kann ich dir helfen.« Der Häuptling erzählte, wie sein Sohn entführt worden war und dass Ka-upe beabsichtige, ihn den Göttern zu opfern.

»Wenn du die richtige Beschwörung sprichst, kannst du deinen Sohn der magischen Kraft von Ka-upe entziehen«, versprach der Priester Kahi-lona, der die Fähigkeit besaß, die Zeichen am Himmel, auf dem Meer und auf dem Land zu lesen. »Bediene dich der Formel, die ich dich lehren werde, wenn Ka-upe eure Flucht bemerkt und euch verfolgt.«

Gleich in der nächsten Nacht schlich sich der Häuptling in Ka-upes Tempel und murmelte jene Formel, die Kahi-lona ihm beigebracht hatte. Vorsichtig kletterte er über die Mauern des inneren Tempelbezirks, stets darauf bedacht, sich nicht zu verraten. Unentwegt wiederholte er seine Beschwörungen und entdeckte schließlich das Gefängnis seines Sohnes – bewacht von einem Hund, der zu schlafen schien. Schnell schlüpfte der Vater hinein und befreite seinen Sohn von den Fesseln. Vater und Sohn flohen aus dem Tempel.

Ein heftiges Bellen verfolgte sie, denn Ka-upe war erwacht und hatte die Flucht seines Gefangenen entdeckt. Wie ein Wirbelwind sauste er los, um die Fährte aufzunehmen. Ka-upe vermutete, dass Vater und Sohn Oahu in Richtung Hawaii verlassen würden, um in ihre Heimat zu gelangen.

Noch hatten sie einen beträchtlichen Vorsprung, doch Ka-upe kam immer näher. Verzweifelt sprach der Vater die Formeln, die Ka-upe abwehren sollten. Sein Atem ging heftig und er war bereits ziemlich erschöpft. Hinter einem riesigen Felsen fanden sie Schutz. Sie rissen die duftenden Blüten eines Hibiskusstrauchs ab und warfen sie ihrem Verfolger entgegen, um seine Nase zu irritieren. Besessen von dem Gedanken, sein Gefangener würde in seine Heimat zurückkehren, erreichte Ka-upe den Strand, erhob sich in die Lüfte und flog zur Insel Hawaii.

Der Häuptling und sein Sohn hingegen begaben sich zu Kahi-lona, um dem Priester für seine Hilfe zu danken. »Ich will Ka-upe töten«, sagte der junge Häuptling, »jenen Hund, der Menschen frisst.« Er bat Kahi-lona um Unterstützung. »Ka-upe soll keine Menschen mehr in seinem Tempel opfern, denn er tötet sie nicht den Göttern zu Ehren, sondern verschlingt sie selbst.«

Kahi-lona überlegte eine geraume Zeit und sprach sodann: »Du musst die Winde beobachten und einen Köder auslegen. Sobald du einen solchen mit dem Öl der Hibiskusblüten eingerieben hast, wird sich dein Gegner zögernd nähern. Verbrenne einen menschlichen Knochen und verstecke dich. Dann lauere deinem Gegner auf und jage dem Hund einen Speer in den Leib.«

Der junge Häuptling gehorchte den Anweisungen des Priesters und tötete Ka-upe. Jedoch der Geist des Hundes überlebte und erschien gelegentlich als Geistergott in den Wolken über den Berggipfeln, manchmal als großer, dann wieder als kleiner Hund. Derart beobachtete Ka-upes Geist jenes Land, das er einst mit Schrecken erfüllt hatte.

Der Vogelmensch Namaka

Namaka, geboren auf der Insel Kauai, war ein angesehener Mann. Denn er war ein unterhaltsamer Erzähler, geschickt im Umgang mit dem Speer, konnte ausgezeichnet boxen und besaß zudem astronomische Kenntnisse. Gerne wollte Namaka seine Fähigkeiten mit jemandem messen. Deswegen verließ er Kauai und segelte nach Oahu, wo man ihm von Paku-anui berichtete, einem Mann, der sowohl erzählen als auch boxen konnte.

Namaka und Paku-anui vereinbarten, einen Wettkampf auszutragen. Gewissenhaft bereiteten sie sich darauf vor, sich beim Boxen und Ringen aneinander zu messen.

Während des Zweikampfs erwies sich Namaka als überaus flink und geschickt. Er konnte Paku-anui an jedem Teil des Körpers erwischen. Namaka selbst hatte sich mit Öl eingerieben. Seine Haut war glitschig wie ein Fisch und immer wieder rutschten Paku-anuis Hände an ihm ab. Indes konnte Namaka seinen Gegner attackieren, wo immer er wollte: an der Stirn, an der Nase, am Hals oder an Beinen und Armen. Keineswegs wollte er seinen Gegner Paku-anui töten, sondern vielmehr seine Geschicklichkeit demonstrieren. Paku-anui aber fühlte sich durch seine Unterlegenheit in seiner Ehre gekränkt. Ich werde mich rächen, dachte er, und Namaka töten, sobald sich eine Gelegenheit dazu ergibt.

Nach dem Ringkampf stiegen die beiden Kontrahenten eine

Anhöhe empor. Als sie einen schmalen Steg erreicht hatten, sagte Paku-anui zu Namaka: »Dir gebührt der Vortritt, denn du bist der Sieger unseres Zweikampfes.« Namaka ging voraus über den Abgrund. Paku-anui versetzte ihm einen heftigen Stoß, damit er abstürzen und sein Körper an den Felsen zu Tode kommen würde.

Jedoch Namaka fiel nicht hinab, sondern erhob sich über die Schlucht. Wie ein Vogel benützte er seine Arme als Flügel, ließ sich von den Winden treiben und glitt in lang gezogenen Schleifen zu Tal, wo er in den Zweigen eines Baumes landete. Er sprang zu Boden und überlegte, seine Fähigkeiten auch anderswo zu zeigen.

Also begab er sich auf die Insel Maui. Hier segelte er etliche Male von einer Anhöhe in die Tiefe. Die Nachricht seiner kühnen Tat erreichte bald sämtliche Hawaii-Inseln.

Schließlich gelangte Namaka nach Hawaii. Einer seiner Rivalen war der Favorit des dortigen Königs. Dieser Mann fürchtete, seine einflussreiche Stellung zu verlieren, sobald der König von Namakas wunderbaren Fähigkeiten erführe, weshalb er alle Mittel anwandte, gegen Namaka zu intrigieren.

Namaka zog es vor, anderswohin zu gehen, da er diesen Feindseligkeiten ausweichen wollte. Am Hof des Königs Hinai wurde er mit allen Ehren empfangen. Er freundete sich mit dem König an, der ihn zu seinem Vertrauten erkor. Namaka unterrichtete den Monarchen in allen möglichen Künsten, insbesondere darin, von hohen Felsen zu springen und sicher auf dem Boden zu landen. König Hinai war ein aufmerksamer Schüler, der viel von Namakas Kenntnissen profitierte, sodass es ihm eines Tages selbst gelang, steile Abhänge unverletzt zu überwinden.

Diese Nachricht kam irgendwann auch Namakas Rivalen zu Ohren. Er intrigierte bei seinem König, redete ihm ein, Namaka sei ein gefährlicher Feind, gegen den man sich wehren müsse: »Dieser Mann kann über Berge und Flüsse und Ebenen fliegen, von Felsen springen, ohne getötet zu werden. Er ist eine Gefahr für dein Königreich.«

Das Argument überzeugte den König und er befahl seinen Kriegern, Namaka zu töten. Sollte König Hinai sich weigern, ihn auszuliefern, würde es Krieg geben.

Namaka hatte die Gefahr vorhergesehen und sich entsprechend vorbereitet. Längst hatte er einen unterirdischen Gang gegraben, der ihn von seiner Hütte in einiger Entfernung wieder ans Tageslicht brachte.

Unterdessen waren die Krieger des feindlichen Königs eingetroffen und umzingelten Namakas Hütte. Sie berieten die wirksamste Methode, ihn zu töten. »Wir werden die Hütte in Brand setzen, dann wird Namaka darin umkommen.« Sie legten ein Feuer und waren sich ihres Erfolges sicher.

Namaka entkam nach Maui, wo er einige Zeit blieb. Allerdings fand sich dort niemand, der seine Dienste in Anspruch nehmen wollte. Auch in Oahu hatte er kein Glück. Verbittert kehrte er zurück nach Kauai.

Den Fürsten seiner Heimatinsel, die er höher einschätzte als die adeligen Familien von Maui, Oahu und der Insel Hawaii, prophezeite Namaka: »Kein Herrscher der hawaiischen Inseln wird jemals seinen Fuß auf den Strand von Kauai setzen. Kein Kriegskanu eines Königs wird nach Kauai gelangen, wenn nicht zuvor ein Vertrag zwischen den beiden Königreichen abgeschlossen wurde.«

Tatsächlich gelang es König Ka-meha-meha dem Großen nicht, die Insel Kauai zu unterwerfen und in sein hawaiisches Königreich zu integrieren.

Der Seilmensch Palila

Palila war der Sohn von Häuptling Ka-lua. Dieser herrschte über eine Hälfte der Insel Kauai und war ein glühender Verehrer des Kriegsgottes Ku. Palilas Mutter Mahinui war eine Tochter der Göttin Hina. Schon bei seiner Geburt besaß Palila die Gestalt eines Seils, weshalb ihn seine Eltern achtlos zur Seite legten. Hätte ihn seine Großmutter Hina nicht aus einem Abfallhaufen gerettet, wäre er umgekommen. Hina kümmerte sich um ihren Enkel und zog ihn unter dem Schutz der Geister eines Tempels auf. Palila vereinte zwei Naturen in sich, nämlich die eines Menschen und die eines Geistes. Unter der Obhut seiner Großmutter wuchs er zu einem erwachsenen Wesen heran.

Sein Vater führte von jeher einen erbitterten Kampf gegen jenen Häuptling, der die andere Hälfte der Insel beherrschte. Wieder mal stand das Kriegsglück nicht auf seiner Seite, vielmehr war er drauf und dran, eine schwere Niederlage zu erleiden. In diesem Moment kam Palila seinem Vater zu Hilfe: Er befahl seiner Keule, mit der er ganze Wälder auf einen Streich fällen konnte, die feindliche Armee niederzuwerfen. Danach sank Palila ehrfurchtsvoll vor seinem Vater nieder. An dieser Stelle entstand eine tiefe Senke.

Alle waren sehr erschrocken, als Hina über die leblos am Boden liegenden Körper der Krieger stieg und das Tabu zwischen Vater und Sohn für beendet erklärte. Sodann kehrte sie mit Palila zurück zu dem Tempel, wo sie ihn großgezogen hatte.

Ka-lua hatte durch diesen Sieg seine Herrschaft über Kauai wiedererlangt.

Palila aber wurde es daheim bald zu eng, er verließ Hina und den Tempel auf der Suche nach Abenteuern. Er stieg auf einen kleinen Hügel und schwang seine Keule mehrmals über dem Kopf, bis sie ihn emporhob und nach Oahu brachte.

Der hier regierende Häuptling Ahu-a-Pau hatte große Probleme, da ein Haimensch das Land terrorisierte. Palila bot dem Häuptling seine Dienste an und versprach, den Hai mit seiner Keule zu erschlagen. Tatsächlich gelang ihm dies ohne Mühe und er errang die Gunst der beiden Töchter des Häuptlings. Als Zeichen seiner Wertschätzung überließ ihm Ahu seine Sänfte und ging selbst das erste Mal in seinem Leben zu Fuß. »Bevor du allerdings meine Töchter heiraten kannst, musst du deine menschlichen Züge hervorkehren.« Ahu verlangte, dass Palila eine Zeit lang im Tempel des Gottes Kane leben sollte, denn ganz geheuer war ihm sein angehender Schwiegersohn keineswegs, vielmehr fürchtete er seine übermenschlichen Kräfte und seine Eigenarten.

Insgeheim hoffte Ahu, er könne Palila irgendwie loswerden. Deshalb überredete er ihn zu einer Rundreise, »damit du Oahu besser kennen lernst«, unterließ es aber, ihn vor dem heimtückischen Riesen Olomana zu warnen, der gut zehn Meter groß war und einen beträchtlichen Teil der Insel beherrschte. Tatsächlich traf Palila auf den Giganten. Mit einem einzigen Schlag hieb er Olomana zu Boden.

Die Leute von Oahu waren ob dieser Heldentat voller Ehrfurcht vor Ahu und Palila, dem das Recht zugestanden wurde, mit seinem Schwiegervater fischen zu gehen. Mit gleichem Erfolg wie seine Keule benützte Palila Paddel und Fischhaken. Aber irgendwie ging ihm das Gerede und Gehabe seines Begleiters auf die Nerven. »Ich werde einen Ausflug zur Insel Molokai unternehmen«, eröffnete er seinem Schwiegervater.

Palila hielt sich also eine Weile auf Molokai auf, doch schon bald wurde er der Insel überdrüssig. Er flog weiter zur Insel Lanai, dann nach Maui und gelangte letztendlich zur Großen Insel. An der Ostküste, nahe der Stadt Hilo, landete er. Hinas Schwester Lupea lebte hier als *Hau*-Baum.

Zu jener Zeit führten zwei Häuptlinge verschiedener Gebiete gegeneinander Krieg. Palila ergriff die Partei des Häuptlings von Hilo. Niemand ahnte, wer der unsichtbare Kämpfer war, der jedes Mal, wenn ein Mann tot umfiel, ausrief: »Erschlagen von Palila, dem Pflegekind von Hina, dem der mächtige Gott Ku beisteht!« Er bezwang sämtliche Krieger des feindlichen Häuptlings. Ihre Schädel hängte er auf einen Baum. Nachdem die Schlacht entschieden war, gab er sich zu erkennen.

Wenig später erlangte Palila die Herrschaft über die Gegend von Hilo.

Der Speerwerfer Kapu-nohu

Kapu-nohu war ein äußerst kräftiger Mann. Er besaß einen Speer namens Kani-ka-wi, mit dem er geschickt umgehen konnte. Jedoch als er den führenden Geistergott Kani-kaa als Verbündeten gewann, nahmen seine Fähigkeiten dermaßen zu, dass er seinen Speer durch hundert *Wili-wili*-Bäume, die hintereinander in einer Reihe standen, zu schleudern vermochte.

Eines Tages warf Kapu-nohu mal wieder seinen Speer. Dabei wurde er von dem Geist Kani-kaa beobachtet. Der blieb nicht untätig, sondern fing den Speer, während dieser durch die Luft flog. Kapu-nohu war derart überrascht, dass er ein paar Sekunden lang kein Wort herausbrachte. Endlich sagte er: »Ich werde dich als meinen Gott verehren, wenn du mir allemal zur Seite stehst.« Ohne Wenn und Aber war Kani-kaa damit einverstanden.

Mit einem Speerwerfer als seinem Gott und dem Speer Kani-ka-wi als Waffe rächte sich Kapu-nohu an seinem Schwager Kukui-pahu. Dieser hatte seinem Erzfeind Niulii einst als Heerführer gedient. Bei einer ihrer Auseinandersetzungen hatte Kapu-nohu einen großen Teil seines Machtbereichs verloren. Sein Schwager hingegen hatte als Belohnung zwei von Niuliis Töchtern geheiratet. Kapu-nohu provozierte eine Schlacht, in der dreitausend feindliche Krieger getötet wurden. Auch all ihre Federmäntel erbeutete er. Schließlich durchbohrte sein

Speer den Giganten Pao-pele, der sich einer Keule gewaltiger Ausmaße bediente: Sie berührte die Wolken des Himmels und vierhundert Männer mussten sie tragen.

»Magst du mir beistehen und auf meiner Seite gegen Häuptling Kakui kämpfen?«, ließ Olopana, ein weiterer Schwager, anfragen. Kapu-nohu war bereit, nach Oahu zu reisen. Überflüssig zu erwähnen, dass die beiden einen überlegenen Sieg errangen. »Jetzt bin ich hungrig«, knurrte Kapu-nohu. Seine Schwester forderte ihn auf, sich zu bedienen: »Was möchtest du essen?« Kapu-nohu verzehrte acht *Taro*-Felder.

Sodann ließ er sich auf Kauai nieder, wo er an einem Wurfbewerb teilnahm: ein Stein, den der starke Mann Ke-mamo warf, gegen Kapu-nohus Speer. Die Wette ging um Leben und Tod. Ke-mamo machte eine gute Figur, es gelang ihm ein hervorragender Wurf, aber Kapu-nohus Speer fegte die Kokosnüsse von den Palmen am Strand, erreichte das Meer und der Speer flog weiter und immer weiter – von Kauai bis nach Oahu und weiter bis zur Großen Insel. Die Wassertropfen bei seinem Aufprall schlugen Löcher in einen Felsen, als wäre er ein Sieb.

Ka-lele, der Sohn des Schläfers

Opele besaß eine merkwürdige Eigenart: Er war abwechselnd sechs Monate wach und sechs Monate in einem todesähnlichen Trancezustand. Erhob sich ein Sturm mit Donner und Blitz, kehrte er wieder ins Leben zurück. Bereits während seiner Geburt im Waipio-Tal von Hawaii befand sich Opele in Trance. Seine Eltern deponierten den Neugeborenen in einer Höhle und vergaßen ihr Kind. Als Opele erwachte, rief er nach ihnen. Sie hörten das Lied und erinnerten sich an ihren Sohn. Der saß in einem Baum, wo er scharlachrote Hibiskusblüten zu einer Kette flocht.

Das Land zu kultivieren, wurde zur Leidenschaft von Opele. Er legte Felder nicht nur auf Hawaii an, sondern auch auf Maui und Oahu, erfreute sich am Wachsen der Pflanzen. Doch jedes Mal, wenn er in Trance fiel, ernteten andere die Früchte seiner Aussaat. Irgendwann hatte Opele nicht Acht gegeben, als er von seinem Schlaf erfasst wurde, allzu nahe eines Flusses lag er hingestreckt. Das Wasser trieb seinen Körper flussabwärts, wo er am Strand gefunden wurde; einige Männer von der Insel Kauai hatten sich auf die Suche gemacht nach einem Menschenopfer für ihren heimischen Tempel.

Sechs Monate lag Opele auf dem Altar, ohne dass sein Fleisch verweste. Von einem Donner wurde er wieder zum Leben erweckt. Ein alter Mann nahm ihn in sein Haus auf und gewährte ihm Gastfreundschaft. Der Alte dachte: Dies wäre ein idealer Mann für meine Tochter Maka-lani. Tatsächlich fand Opele Gefallen an dem Mädchen und heiratete es. Doch hatte Opele keine Lust, allzu viel Zeit mit der Liebe zu verschwenden. Weitaus wichtiger erschien ihm, sich an die Arbeit zu machen. Er bebaute eine ansehnliche Fläche Land und brachte zudem reichlich Fische heim. Maka-lani wurde schwanger und gebar ein Kind, Ka-lele-a-lua-ka. Ab diesem Zeitpunkt hatte Opele keine Trancezustände mehr – dagegen hatte er magische Kräfte auf seinen Sohn übertragen.

Ka-lele sollte ohne Vater aufwachsen: Opele trieb es schon bald nach der Geburt zurück zu seinen Feldern auf Oahu. Bei seiner Abreise von Kauai hinterließ er für seinen Sohn einen Speer als späteres Erkennungszeichen.

Bei dem Jungen machten sich im Laufe der Zeit seltsame Fähigkeiten bemerkbar: Man sprach davon, dass er Klippen hinaufspringen oder auf der Wasseroberfläche gehen konnte. Auch dem Häuptling von Wailua kamen diese Gerüchte zu Ohren und er forderte Ka-lele zum Zweikampf heraus. »Nichts als Prahlereien«, ätzte er zuvor. Der Häuptling von Hanalei ließ sich ebenfalls auf einen Kampf ein. Ka-lele tötete beide, um sie in dem Tempel zu opfern, den sein Vater erbaut hatte.

Wenig später paddelte Ka-lele in Begleitung eines Freundes namens Kaluhe nach Oahu. Unterwegs nahmen sie Keino mit, einen Jungen, der zu faul war, die Speisen zu reinigen, bevor er sie aß. Mit seinen Freunden ließ sich Ka-lele auf Oahu nieder. Als er eines Tages die Gegend erforschte, begegnete er seinem Vater, der auf einem Feld seiner Arbeit nachging. An dessen Speer erkannte Opele seinen Sohn und schloss ihn überglücklich in seine Arme.

Ka-lele lebte zusammen mit seinen Freunden in einer Hütte, hoch oben auf einem Berg. Sie amüsierten sich in den Nächten, indem sie sich ihre Wünsche erfüllten: Der eine genoss üppiges und fettes Essen, indes der andere eine hübsche Frau bevorzugte. Ka-lele hatte sich in die Tochter des Häuptlings Ka-huhi-hewa verliebt. Dem Häuptling blieb nicht verborgen, dass jede Nacht oben in der Hütte Licht brannte, was sein Misstrauen weckte, da er einen Verrat fürchtete, eine Verschwörung seiner Feinde. Deshalb sandte er einen Spion, dessen Auftrag lautete, an der Tür zu lauschen. Vor dem Eingang der Hütte war ein Speer in den Boden gerammt, wodurch dem Späher signalisiert wurde, dass die Bewohner der Hütte unter dem Tabu eines Häuptlings standen. Daher wagte er es nicht, sich näher heranzuschleichen, und kehrte unverrichteter Dinge zurück. Hingegen wurde der Häuptling von seinem Magier unterrichtet, dass Ka-lele ein Mann sei, der so manches riskiere: »Du solltest ihn auf deine Seite bringen, denn er kann dir nützlich sein in der Auseinandersetzung gegen deinen Erzfeind Kualii.« Ka-huhi akzeptierte diesen Rat. Ka-lele wurde eine noble Unterkunft in unmittelbarer Nähe des Häuptlings versprochen sowie die Erfüllung all seiner Wünsche. Ka-lele und sein Freund Kaluhe erhielten die Töchter des Häuptlings zu ihren Frauen. Auch den Vielfraß Keino war Häuptling Ka-huhi bereit in Kauf zu nehmen.

Ein etwas fußlahmer Marschall wurde gesandt, um die jungen Männer von ihrer Berghütte ins Tal zu begleiten. Sehr langsam kamen sie vorwärts, sodass Ka-lele genügend Zeit blieb, um ans andere Ende der Insel zu gehen und beschnitten zu werden. Als er während eines gewaltigen Regengusses wieder zu ihnen stieß, hatten sie seine Abwesenheit gar nicht bemerkt. Gemeinsam erreichten sie das Lager des Häuptlings.

Die Schlacht des Häuptlings Ka-huhi-hewa gegen seinen Rivalen Kualii war inzwischen in vollem Gange. Ka-lele führte den Lahmen auf einen Hügel, damit er die Kämpfe überblicken konnte. Er platzierte sich neben ihn und erhob seine Arme, denn in seinen Händen hielt sich eine magische Kraft verborgen. Indem er seine Handflächen gegeneinander rieb, wurde der Angriff der feindlichen Krieger zurückgeschlagen. Zwei

Mal klatschte er – im nächsten Augenblick fiel der gegnerische Anführer tot um. Ka-lele wirbelte seine Hände durch die Luft, als würden sie nach Speeren und Pfeilen, nach Lanzen und Keulen greifen. Vor seinen Füßen türmte sich mit einem Mal ein gigantischer Haufen von erbeuteten Waffen, die er in Sicherheit brachte, ohne sich vom Fleck zu rühren. Dann streckte er seinen Zeigefinger gegen Kualii und zwang ihn, die Herrschaft über sein Hoheitsgebiet aufzugeben. Mit einer Bewegung seines Armes entledigte ihn Ka-lele seines herrschaftlichen Federmantels. Nackt und ausgeliefert, bat er um sein Leben.

Obwohl Häuptling Ka-huhi-hewa als Sieger aus dieser Schlacht hervorging, fügte er sich dem Mächtigeren und überließ Ka-lele die Herrschaft über sein nunmehr vergrößertes Königreich.

Der Waldgott und das Kanu

Koa-Bäume, aus denen die haltbarsten Kalebassen hergestellt wurden, wuchsen nahe dem sandigen Meeresufer. Jene Koa-Bäume, die zur Herstellung von Kanus und Surfbrettern dienten, gediehen dagegen auf schwer zugänglichen Bergschluchten. Wegen des ständigen Windes wuchsen die Koa-Bäume langsam und waren verkrüppelt.

Ku-pulu-pulu war der Gott des Koa-Waldes. Wer den Wald betrat, befand sich in seinem Einflussbereich. Jeder Fußtritt wurde von empfindlichen Ohren gehört, jede Bewegung von scharfen Augen registriert. Um Ku-pulu-pulu freundlich zu stimmen, empfahl es sich, entsprechende Zauberformeln und Beschwörungen zu sprechen.

Sollte ein Koa-Baum für ein Kanu gefällt werden, erforderte dies eine bestimmte Zeremonie: Sobald der Baum ausgewählt worden war, nahm der Priester seinen Feuerstock und rieb ihn so lange, bis sich der Holzstaub entzündete. Damit wurde ein Feuer entfacht, um die Steine für einen Erdofen zu erhitzen, in dem ein Festmahl zubereitet wurde – ein schwarzes Schwein und ein Huhn –, während der Priester eine Beschwörung sprach: »O Gott Ku-pulu-pulu, hier ist ein Schwein, hier ist ein Huhn, hier ist Essen für die Götter.« Von den *Aumakua*, den Geistern der Vorfahren, wurde erwartet, dass sie an dem Fest als Schatten teilnahmen, um den Kanumachern Beistand für ihre Arbeit zu gewähren.

Nachdem er seine Beschwörung gesprochen und den Göttern Speisen angeboten hatte, begab sich der Priester zur Ruhe und schlief bis zum nächsten Morgen. Am folgenden Tag wurde damit begonnen, den Baum zu fällen. Mit seiner heiligen Steinaxt hieb der Priester gegen den Stamm und beschwor die weiblichen Gottheiten: »O Lea und Ka-pua-o-alakai! Hört die Axt! Das ist die Axt, die den Baum für das Kanu fällt. O Ku-akua! O Paa-paa-ina! Gebt Acht, wenn der Baum fällt, lasst ihn nicht splittern oder brechen – wie auch das Kanu nicht zerbrechen möge.«

Sobald der Baum zu wanken begann, seine Blätter und Zweige raschelten, herrschte das Tabu des Schweigens. Einzig das Geräusch des stürzenden Baumes sollte den Göttern zu Ohren kommen. War der Baum gefallen, wurde abgewartet, ob Lea sich blicken ließ. Lea war die Gattin von Moku-halii, dem Gott der Kanumacher. Sie existierte in zweifacher Gestalt: als menschliches Wesen und als Vogel. Erschien sie als Vogel, war sie stets ein *Elepaio*, von kleiner Gestalt mit gesprenkelten Federn, rot und schwarz an den Flügeln, der Specht der Hawaiianer. Wenn sie sanft rief, gab sie sich ihren Namen selbst: »E-le-pai-o, E-le-pai-o, E-le-pai-o!«

Ertönte ihr Ruf, während der Baum gefällt wurde, und ließ sich die Göttin anschließend darauf nieder, um auf ihm zu hämmern, bekam sie ihn als Geschenk. Der Priester verkündete: »Dieser Baum ist verfault, überlassen wir ihn der Göttin.«

Hielt sich Lea jedoch von dem gefällten Baum fern, war dieser für ein Kanu geeignet. Dann hüllte sich der Priester in ein weißes Zeremoniengewand, schritt um den Baum herum, stieg auf den Stamm, seine Axt in der Hand, und rief: »Schlagt mit der Axt und höhlt ihn aus! Ihr Götter, gewährt uns ein Kanu!« Mit seiner Axt hieb er gegen den Baum, bis er die Krone erreicht hatte, die es abzutrennen galt, und umwand sie mit einer *Ie-ie*-Ranke, einem Klettergewächs. »Hackt die Krone ab!« Sodann befahl er Stille. »Nunmehr ist das königliche Tabu, einen Koa-Baum zu fällen, aufgehoben.« Die Arbeiter höhlten den Stamm aus, bis die rohe Form bereit war, an den Strand geschleppt und dort vollendet zu werden.

Eines Tages tauchten nach dem Fällen eines Koa-Baumes unvermutet Probleme auf: Der Waldgott Ku-pulu-pulu fühlte sich übergangen. Er hatte die Zeremonie beobachtet und den Beschwörungen gelauscht, aber irgendetwas war falsch gelaufen, weshalb er die Arbeit der Männer störte, als sie die Äste vom Stamm trennten. Ein heftiger Wind blies, Regen fiel. Dennoch begannen die Männer, den Stamm für ein Kanu auszuhöhlen. Sobald sie damit fertig waren, wollten sie das Kanu ins Tal befördern, doch es schien den Abhang hinaufzugleiten. Ku-pulu-pulu stemmte sich mit aller Kraft dagegen, weshalb das Kanu immer schwerer wurde. Dermaßen fest drückte der Waldgott, dass er selbst ins Rutschen geriet und beinahe abgestürzt wäre. Als er das Kanu losließ, entglitt es den Männern und schlitterte unkontrolliert talwärts.

Die Männer hievten das Kanu in das Bett eines Flusses. Sie hofften, dass das Wasser und die glitschigen Steine den Gott irritieren würden. Indessen hastete Ku-pulu-pulu an die Quelle des Flusses und leitete das Wasser in ein neues Bett. Sofort flitzte er wieder hinunter und schob das Kanu in dem ausgetrockneten Flussbett ein Stück hinauf. Obwohl sie bereits ziemlich ermüdet waren, gaben die Männer nicht auf. Schließlich verklemmte sich das Kanu derart fest zwischen den Felsen des ehemaligen Flussbetts, dass weder Ku-pulu-pulu noch die Männer imstande waren, es von der Stelle zu bewegen. Da es inzwischen Nacht geworden war, ließen sie es dort liegen. Ku-pulu-pulu freute sich über die Niederlage der Kanumacher.

Der Haigott Kau-huhu

Der Häuptling Kupa besaß zwei bemerkenswerte Trommeln, die er in seinem Haus aufbewahrte. Wie alle Häuptlinge verfügte er über eine eigene Hütte im Bereich des Tempels, wohin er sich zu bestimmten Zeiten des Jahres zurückziehen konnte. Seine Geschicklichkeit, diese Trommeln zu spielen, war dermaßen groß, dass er damit den Priestern seine Wünsche offenbaren konnte.

Irgendwann war Kupa zu seinen bevorzugten Fischplätzen auf das Meer hinausgesegelt, als sich die beiden Söhne des Priesters Kamalo in den Tempel schlichen, um Kupas wunderbare Trommeln auszuprobieren. Sie betraten das Haus des Häuptlings, nahmen seine Trommeln und begannen darauf zu schlagen. Die Leute hörten den vertrauten Klang, wagten es aber nicht, einen Fuß in den heiligen Tempelbezirk zu setzen. Sehr wohl beobachteten sie alles, bis die Jungen ihres Spiels müde wurden und heimgingen.

Als Kupa zurückkehrte, berichtete man ihm von dem Vorfall. Er war sehr erzürnt und befahl, die Jungen zu ergreifen und in den Tempel zu schaffen, wo sie auf dem Altar geopfert wurden.

Bei der Nachricht vom Tod seiner Söhne schwor Kamalo Rache. Da seine eigene Macht nicht ausreichte, gegen den Häuptling zu bestehen, suchte er nach fremder Hilfe, wandte sich an Hellseher und Magier, jedoch fürchteten sie Häuptling

Kupa und verweigerten ihre Unterstützung: Einer schickte ihn zum nächsten. Selbst die Opfergaben an die Götter zeigten keinerlei Erfolg.

Kamalo war schon recht verzagt, als er zu jenem Tempel gelangte, wo der Haigott Kau-huhu verehrt wurde. Die Priester des Haigottes weigerten sich ebenfalls, ihm beizustehen, wiesen ihm jedoch den Weg zur Höhle, wo Kau-huhu mit seinen Dienern wohnte. Drachen bewachten die Behausung.

Auf seiner Schulter trug Kamalo ein schwarzes Schwein, das er herumgeschleppt hatte von weit her, um es demjenigen darzubieten, der ihm Hilfe angedeihen lassen würde. Als er sich der Höhle näherte, erblickte ihn der Wächter. »Hier kommt ein Mann mit Futter für den Großen Hai.« Kamao hatte keine Angst vor dem Drachen, empfand sogar Sympathie für ihn. »Verschwinde«, kommandierte der Drache, »hier erwartet dich der Tod, denn dies ist ein verbotener Ort!«

»Mein eigenes Leben kümmert mich wenig, ich will Rache nehmen für den Tod meiner Söhne.«

Diese Aussage ließ den Drachen aufhorchen. Und Kamalo erzählte seine Geschichte: dass der Häuptling Kupa seine Söhne ermordete als Strafe dafür, dass sie auf seiner Trommel gespielt hatten, und dass niemand bereit war, ihn bei seiner Rache zu unterstützen. »Sollte Kau-huhu mir die Hilfe versagen, bin ich bereit zu sterben.«

»Es ist eine glückliche Fügung«, erwiderte der Drache, »dass Kau-huhu unterwegs zum Fischen ist. Wäre er anwesend, hättest du keine Chance, ihm entgegenzutreten, ohne auf der Stelle gefressen zu werden. Du würdest keine Gelegenheit haben, ihm etwas zu erklären. Dich zu unterstützen ist für mich ein großes Risiko, dennoch will ich es wagen, dich zu verstecken, bis der Moment günstig ist, damit du den Großen Gott um einen Gefallen bitten kannst.«

Der Drache wählte als Versteck für Kamalo einen Berg abgeschälter *Taro*-Pflanzen, jene Reste, die weggeworfen worden waren, um die Wurzeln der Pflanzen zu zerstampfen. »Hier musst du in völliger Ruhe ausharren, bis die Zeit reif ist, dich bemerkbar zu machen.« Kamalo versprach, sich daran zu halten. »Beobachte die nächsten acht Brandungswellen, die vom Meer hereinkommen. Dann warte in deinem Versteck auf eine Gelegenheit, mit dem Haigott zu sprechen. Mit der letzten der acht Wellen wird er sich an Land spülen lassen.«

Die Brandung brach sich an den Felsen, die der Höhle vorgelagert waren. Höher und höher wurden die Wellen, bis die achte draußen auf dem Meer allmählich emporwuchs, um sich am Ufer zu brechen. Dem Schaum des Wassers entstieg der Haigott. Er veränderte seine Gestalt und schritt als menschliches Wesen in die Höhle. »Irgendwo verbirgt sich ein Mensch, ich rieche seine Nähe.« Der Haigott schnupperte an dem Abfallhaufen, konnte aber nichts entdecken.

Die Drachen leugneten beharrlich die Anwesenheit eines Menschen. Indes widersprach der Haigott: »Gewiss ist jemand in der Höhle. Wenn ich ihn finde, seid ihr des Todes.« Vergeblich untersuchte Kau-huhu die Wände der Höhle, musterte alle entlegenen Plätze. Er rief so laut er konnte, doch lediglich ein Echo antwortete ihm. Kaum hatte er seine Suche aufgegeben und sich anderen Dingen zugewandt, quäkte Kamalos Schwein. Kau-huhu warf sich auf den Haufen der Taro-Abfälle und wühlte darin herum. Dermaßen blieben ihm Kamalo und das schwarze Schwein nicht verborgen.

Kau-huhu packte Kamalo und hob ihn aus dem Abfall empor. Kamalos Kopf und seine Schultern befanden sich bereits in seinem großen Maul. Derart schnell ging alles, dass Kamalo kaum Zeit hatte, sich zu äußern. Im letzten Moment, als die Zähne ihn bereits erfassten, rief Kamalo: »Höre mir zu, Kau-huhu, dann magst du mich fressen!«

Verblüfft ließ der Haigott von Kamalo ab und sagte: »Sprich schnell, meine Geduld ist nicht unbegrenzt. Sprich!«

Kamalo fasste sich kurz. »Allein du kannst mir Beistand gewähren.« Ein selten erfahrenes Mitgefühl ergriff Kau-huhu.

Die ganze Zeit über hatte Kamalo sein Schwein bei sich behalten, das er als Opfer mit sich trug. Diese Gabe bot er nun dem Haigott dar. Kau-huhu akzeptierte das Angebot und sagte: »Wärst du wegen etwas anderem gekommen, hätte ich dich gefressen, doch dein Anliegen ist heilig. Ich werde dein Verbündeter sein, um den Häuptling Kupa zu bestrafen. Du hast mein Ehrenwort.«

Der Haigott ermahnte Kamalo zu warten, bis er wiederkehren würde. »Wenn du eine kleine weiße Wolke siehst, die über Kupas Tempel schwebt, wird sich ein Regenbogen über das Tal wölben. Dann weißt du, dass ich gekommen bin, um dir bei deiner heiligen Rache beizustehen, denn du bist der einzige Mensch, der mir jemals gegenüberstand und der ungeschoren davonkam.«

Die Tage und die Monate vergingen träge, doch Kamalo übte sich in Geduld. Vom ständigen Beobachten des Himmels brannten seine Augen – bis irgendwann eine weiße Wolke erschien, begleitet von einem Regenbogen, sehnsüchtig von ihm erwartet. »Kau-huhu hat sein Versprechen gehalten«, frohlocke Kamalo.

Einem furchtbaren Sturm folgte ein Wolkenbruch, dessen Sturzflut talwärts drängte und alles mit sich riss. Die Mauern von Kupas Tempel wurden niedergewalzt und Kupa samt seinen Leuten in den Ozean gespült. Dort wartete bereits der Haigott Kau-huhu mit seinem hungrigen Gefolge. Die Haie hielten einen Festschmaus, sodass sich das Wasser rot färbte.

Der Haimensch Nanaue

Ka-moho-alii war der König aller Haie, die sich in den hawaiischen Gewässern tummelten. Eines Tages schwamm er nahe der Wasseroberfläche umher, als ihm eine außergewöhnlich hübsche Frau ins Auge sprang, die ein Bad in den Wellen nahm.

In dieser Nacht kam Ka-moho-alii an den Strand, entstieg dem Meer und verwandelte sich in einen Menschen. Wie immer zu dieser Gelegenheit nahm er eine würdevolle und adelige Gestalt an. Er gesellte sich unter die Häuptlinge, genoss deren Gastfreundschaft und beteiligte sich an ihren Spielen, wobei er stets Ausschau hielt nach jener Frau, die er im Meer erblickt hatte. Sie schien vom Erdboden verschluckt. Bei seiner Suche musste er umsichtig vorgehen, sonst hätte er sich bei den Häuptlingen verdächtig gemacht. Nach etlichen Tagen fand er Kalei und machte sie zu seiner Frau.

Kalei gebar ihm einen Sohn und nannte ihn Nanaue. Von Geburt an klaffte im Rücken des Kindes eine Öffnung, die sich nach und nach zu einem Hairachen mit scharfen Zähnen entwickelte. Ka-moho-alii verbot seiner Frau strengstens, dem Kind jemals einen Bissen Fleisch zum Essen zu geben. Dann verschwand er, wobei Kalei niemals auf den Gedanken verfallen wäre, dass Ka-moho-alii der König der Haie hätte sein können.

Kalei hielt das Loch im Rücken ihres Sohnes mit einem feinen *Kapa*-Stoff bedeckt und versuchte, ihn von anderen

Kindern fernzuhalten. Niemand sollte sein Geburtsmal zu Gesicht bekommen. Sie schenkte ihm viel Zeit und Aufmerksamkeit. Wenn sie mit Nanaue in die Nähe des Meeres oder eines Teichs kam, sprang Nanaue ins Wasser und wurde ein Hai. Das Maul auf seinem Rücken öffnete sich und schnappte nach Beute.

Jahrelang bereitete Kalei ihrem Sohn vegetarische Gerichte, um ihn vor der Versuchung abzuhalten, den Geschmack von Fleisch kennen zu lernen. Jedoch als Nanaue erwachsen war, nahm ihn sein Großvater ins Essenshaus der Männer mit, wovon ihn seine Mutter nicht länger abhalten konnte – denn damals durften erwachsene Männer und Frauen ihre Mahlzeiten nicht gemeinsam einnehmen. Alle Arten von Fleisch wurden in reichlicher Menge dargeboten. Nanaue war schier unersättlich, sein Appetit unstillbar.

Fortan vermied es Nanaue, in Begleitung von Kumpanen an den Strand zu gehen. In diesen Tagen geschah es mehrmals, dass ein Hai einen Schwimmer oder Fischer fraß. Nanaues Mutter ahnte, wer dafür verantwortlich war. Indessen wurde Nanaue zunehmend kecker bei seinen Beutezügen: Er erkundigte sich sogar, wer die Absicht hatte, hinaus aufs Meer zu gehen, während er in einiger Entfernung ins Wasser sprang. Doch blieben seine sonderbaren Eigenschaften nicht unentdeckt, weshalb ihn die Leute mieden.

Eines Tages bereiteten die Arbeiter des Häuptlings dessen *Taro*-Felder für die Aussaat vor. Scherzend zog einer von ihnen den Umhang von Nanaues Schultern. »Ein Haimensch! Schaut, das große Maul!« Schockiert von dieser Entdeckung, umringten die Männer Nanaue. Vor allen bloßgestellt, wurde Nanaue aggressiv. Er fühlte sich ausgeliefert. Mit seinen Haizähnen schnappte er wahllos um sich, biss einen Arm entzwei, versuchte dann, ins Meer zu entkommen.

Die Männer warfen ihn zu Boden und fesselten ihn. »Bereitet einen Erdofen vor«, befahl der Häuptling, »um Nanaue darin zu braten.« Wie ein Lauffeuer verbreitete sich die Nachricht von diesem merkwürdigen Wesen, halb Mensch und halb Hai.

Gelassen plante Nanaue seine Flucht. Er verwandelte sich in einen Hai, zerriss die Seile und glitt in einen Fluss. Keiner der Männer wagte es, einen Zweikampf im Wasser zu riskieren. Stattdessen verfolgten sie ihn entlang dem Ufer und warfen Steine und Speere nach ihm. Dennoch entkam er ins Meer.

Einige Zeit trieb er sich in den hawaiischen Gewässern umher, doch war er keineswegs zufrieden mit seinem Dasein als Hai. Der menschliche Teil seines Wesens drängte ihn zurück an Land. Nanaue verliebte sich in eine Prinzessin, heiratete sie und lebte mit ihr zusammen. Heimlich schlich er sich gelegentlich davon, um im Meer auf Jagd zu gehen. Sein Hunger nach Menschenfleisch wurde von Mal zu Mal größer. Er wurde immer unvorsichtiger und irgendwann ertappte man ihn auf frischer Tat.

Die Fischer waren wütend und bereiteten sich auf einen Kampf vor. Hin und her überlegten sie, wie sie ihre Netze am wirkungsvollsten anbringen sollten. Sie baten die Götter des Meeres, ihnen beizustehen. Endlich gelang es ihnen, dass sich Nanaue in ihren Netzen verstrickte. Mit ihren Keulen schlugen sie auf den Wehrlosen ein. Nanaue ermattete und konnte sich nicht der Seile entledigen, von denen er gefangen gehalten wurde.

Die Fischer zerrten Nanaue ans Ufer und zerteilten den Körper des Haies in kleine Stücke. Um sich vor seinem Geist zu schützen, verbrannten sie alle Teile des Haimenschen.

Iwa, der Meisterdieb

In der Ortschaft Puna auf der großen Hawaii-Insel lebte ein Fischer namens Keaau. Er besaß eine magische Muschel, mit deren Hilfe er jederzeit überaus erfolgreich fischen konnte. Stets kehrte Keaau mit einem prall gefüllten Kanu zurück. Wegen dieser Fähigkeit wurde er sehr bewundert und man sprach auf der ganzen Insel von ihm. Auch König Umi kam dies zu Ohren. Er sandte einen Boten, der dem Fischer den Befehl überbrachte, mit seiner Muschel vor dem König zu erscheinen. Keaau sollte Umi die Kraft seiner Muschel demonstrieren. Da der König über die Macht verfügte, sämtliche Besitztümer seiner Untertanen für sich in Anspruch zu nehmen, forderte er die Muschel des Fischers.

Keaau war sehr traurig über den Verlust seiner Muschel und grübelte darüber nach, wie er wieder in ihren Besitz gelangen könnte. Also suchte er einen Mann auf, der als geschickter Dieb galt, und bat ihn, dem König die Muschel zu stehlen. Als Bezahlung bot er ein Schwein, etliche Früchte, etwas *Awa* sowie einige Muscheln. »Tut mir Leid, die Sache ist mir zu gefährlich, ich kann dir nicht helfen.« Mit diesen Worten lehnte der Dieb das Angebot ab.

Doch Keaau gab nicht auf. Überall erkundigte er sich nach einem geschickten Dieb. Eines Tages erfuhr er, dass auf der Insel Oahu ein solcher leben solle. Sogleich verfrachtete er die Geschenke in sein Kanu und ruderte los, um Iwa aufzusuchen.

»Einverstanden«, sagte Iwa, »ich werde die Muschel für dich stehlen, doch vorerst schlachten wir das Schwein und verzehren es gemeinsam. Mit hungrigem Bauch reist es sich schlecht und auch beim Stehlen sollte einem nicht der Magen knurren.«

Als der Zeitpunkt der Abreise gekommen war, sagte Iwa zu Keaau: »Du nimmst im Bug des Kanus Platz, während ich das Paddel übernehme. Halte genau Ausschau nach dem Land, das vor uns liegt.« Sodann sprach er zu seinem Paddel: »Lass das Meer mit Iwa zusammentreffen.« Vier Paddelschläge genügten, um von Oahu nach Hawaii zu gelangen.

Nahe der Küste beobachteten sie einige Fischer. Es war leicht zu erkennen, dass es sich bei dieser Gruppe um König Umi mit seinem Gefolge handelte. Eines der Kanus war mit einem Dach aus Palmwedeln ausgestattet, die Schatten spendeten. »Ist dies das Boot des Königs?«, fragte Iwa, um sich zu vergewissern. Da Keaau eifrig nickte, paddelte Iwa vorsichtig näher und machte sich bereit zu tauchen. »Ich werde jetzt die Muschel stehlen«, informierte er Keaau.

Er ließ sich ins Wasser gleiten und tauchte hinunter. Aus dem Boot des Königs hing eine Angelschnur, an der sich die Muschel befand. Iwa löste die Muschel von der Leine und verknotete die Angelschnur an einem Riff. Mit der Muschel unter dem Arm erreichte Iwa die Wasseroberfläche und schwamm zu dem Kanu zurück, wo Keaau ihn ungeduldig erwartete. »Hier ist deine Muschel«, sagte Iwa und überreichte sie Keaau, der vor Erstaunen kein Wort herausbrachte. In aller Eile paddelten sie davon.

Als Iwa an der Angelschnur des Königs gezogen hatte, hatte Umi geglaubt, ein Tintenfisch hätte angebissen. Jedoch sobald er die Leine ins Boot holte, fand er daran weder einen Fisch noch die Muschel. Er weigerte sich, sein Kanu zurück an den Strand zu steuern, sondern befahl, nach der Muschel zu tauchen. Unter keinen Umständen wollte er die Stelle verlassen, wo die Muschel verloren gegangen war. Zehn Tage und zehn

Nächte harrte der König in seinem Kanu aus. Man versorgte ihn mit Essen und Trinken, kaum schlief er. Keiner der Taucher schaffte es allerdings, bis hinunter zum Meeresgrund zu gelangen und die Muschel zu finden.

König Umi sandte Kundschafter aus, um bei Keaau nachzuforschen, ob er nicht etwas vom Verbleib der Muschel wisse. Da Keaau nicht daheim war, zeigte Iwa dem Gesandten, wo Keaau seine Tintenfische trocknete und wie viele er gefangen hatte. »Berichte deinem König«, sagte Iwa, »dass die Muschel sich nicht mehr an der Angelschnur befindet, sondern von einem Stein festgehalten wird.«

Kaum hatte der König diese Nachricht vernommen, schickte er seine schnellsten Läufer los, damit sie Iwa zu ihm brachten. Jedoch Iwa lief schneller als die Boten des Königs. »Du hast mich rufen lassen«, sagte Iwa, als er vor König Umi stand, »und ich bin gekommen. Ich nehme an, du bist neugierig zu erfahren, was mit der Muschel geschehen ist.«

»Erzähle, was du weißt«, forderte der König. »Sonst lasse ich dich töten.« Iwa berichtete, dass er es gewesen sei, der die Muschel von des Königs Angelschnur gelöst und die Schnur an ein Riff geknotet habe. »Soll ich dir glauben oder lügst du? Keiner meiner Taucher vermochte den Meeresgrund zu erreichen.« Um die Wahrheit seiner Behauptung zu beweisen, tauchte Iwa hinunter und brachte dem König ein Stück jener Korallen, an die er seine Leine geknüpft hatte.

»Ich könnte dich bestrafen, doch will ich dir eine Aufgabe stellen«, sprach König Umi, denn er wollte die Geschicklichkeit des Diebes testen. »Zwei alte Frauen bewachen im Tempel meine heilige Steinaxt. Jede von ihnen trägt wie eine Blumenkette um ihren Hals das Ende eines Seils. In der Mitte dieses Seils ist meine Axt festgebunden. Es wird dir nicht gelingen, sie zu stehlen.« »Ich werde es dennoch versuchen«, erwiderte Iwa. Er wartete, bis die Sonne nahezu untergegangen war, dann ging er zu

Umis Tempel, als wäre er ein Bote des Königs und würde ein Gesetz verkünden: »Schlaft, Leute, schlaft wegen der heiligen Steinaxt. Sein Tabu: Lasst niemanden aus dem Haus; sein Tabu: Lasst keinen Hund bellen; sein Tabu: Lasst keinen Hahn krähen; sein Tabu: Lasst kein Schwein grunzen. Macht keinen Lärm, sondern schlaft, Leute, schlaft, bis das Tabu aufgehoben ist.«

Fünf Mal wiederholte er die Litanei des Tabus. Danach suchte er den Tempel auf, wo die alten Frauen die Steinaxt bewachten. Eindringlich fragte er: »Ist der Schlaf über euch beide gekommen?« Sie antworteten: »Wir sind wach, schlafen keineswegs.« »Das ist gut«, nickte Iwa bedächtig, »ich möchte nämlich König Umis heilige Axt berühren, um zurückzukehren und ihm zu berichten, dass meine Hand seine Axt berührt hat.«

Bei diesen Worten näherte er sich der Axt – und zog mit einem festen Ruck die Enden des Seils fest um die Hälse der beiden Wächterinnen, sodass sie gewürgt wurden und keine Luft mehr bekamen. Diesen Moment nützte er, um das Seil zu zerreißen und die Axt zu ergreifen. Sodann flüchtete er.

Mühevoll befreiten sich die Wächterinnen von ihrer Fessel und erhoben ein wildes Geschrei: »Gestohlen wurde die heilige Axt des Königs! Der Dieb ist entkommen!« Bevor irgendjemand die Verfolgung aufnehmen konnte, war Iwa längst verschwunden. Im Haus des Königs legte er sich zur Ruhe.

Am nächsten Morgen fanden ihn die Leute des Königs noch schlafend. Sie vermuteten, er wäre die Nacht über gar nicht fort gewesen. Sobald Iwa erwachte, wurde er zum König kommandiert: »Ich hatte es mir gleich gedacht, dass du die Axt niemals würdest stehlen können.«

»Vielleicht hast du Recht«, entgegnete Iwa, »allerdings habe ich hier eine Steinaxt, die ich letzte Nacht gefunden habe. Möchtest du sie sehen?« Auf den ersten Blick erkannte König Umi seine heilige Axt. »Wie hast du es geschafft, sie zu stehlen?«

Umi konnte es nicht begreifen, jedoch Iwa hüllte sich in Schweigen.

»Bist du bereit, dich in einem Wettkampf mit den sechs besten Dieben meines Königreichs zu messen? Der Sieger wird belohnt, der Unterlegene getötet.« Umi erwartete, dass Iwa zögern würde, wenn es um sein Leben ging.

»Du meinst, ich allein stelle mich einem Team von sechs Konkurrenten?«, fragte Iwa, um sicherzugehen, dass er den König nicht missverstanden hatte. »Ich bin bereit, mich dem Kampf zu stellen.«

Auch den sechs Dieben, die Umi als Gegner ausgewählt hatte, gefiel der Plan – einer gegen sechs: »Gewiss werden wir den Wettbewerb für uns entscheiden.«

»Ihr habt eine Nacht Zeit, so viel wie möglich zu stehlen. Wer die meisten Güter erbeutet, ist Sieger.« Dies waren die Bedingungen, die König Umi festgelegt hatte.

Die Nachricht von diesem Wettkampf erreichte bald die abgelegensten Täler und man traf Vorkehrungen, sämtliche Besitztümer vor den Dieben zu schützen.

Während die sechs Diebe still und leise aufbrachen, um zu stehlen, was ihnen in die Hände fiel, legte sich Iwa nieder, um zu ruhen. »Iwa schläft, so wird er nicht gegen uns bestehen.« Sie waren sich ihres Sieges sicher. Tatsächlich war gegen Morgen ihre Hütte prall gefüllt mit gestohlenen Gegenständen, wogegen Iwa nach wie vor schlief. Müde und hungrig waren die sechs Diebe geworden und sie entschieden, dass sie nunmehr eine Rast verdient hätten. Sie bereiteten ein Mahl vor und tranken *Awa*. »Wir können unseren Sieg bereits feiern, zumal Iwa noch überhaupt nichts gestohlen hat.« In der Gewissheit ihres Sieges aßen und tranken sie, bis sie von Trunkenheit befallen einschliefen.

Iwa hingegen erhob sich, eilte in die Hütte der sechs Diebe und brachte deren gesamte Beute in sein eigenes Haus. Um seine Geschicklichkeit zu demonstrieren, schlich er in Umis Schafzimmer, entwendete seine Decke und fügte sie den geraubten Gütern hinzu. Dann legte er sich in seiner Hütte nieder und tat, als würde er schlafen, bewachte jedoch argwöhnisch seine Beute.

Als der König erwachte, bemerkte er das Fehlen seiner Decke, konnte sie aber nirgendwo finden. Deshalb friere ich dermaßen, dachte er und hegte sogleich einen Verdacht, als er sich des Wettkampfes der Diebe erinnerte. Mit seinem Gefolge betrat er die Hütte der sechs Diebe. Nichts, absolut nichts war darin zu erblicken. Danach suchte der König Iwas Hütte auf, die reichlich mit Diebesgut gefüllt war, darunter auch Umis Decke.

Die sechs Diebe wurden getötet, wogegen Iwa die Freundschaft des Königs erlangte.

Punia und der König der Haie

Kai-ale-ale, der König der Haie, lebte im Meer der Hawaii-Inseln und herrschte über zehn andere Haie. Sie bewohnten eine Höhle nahe der Wasseroberfläche, wohin sich auch Hummer gerne zurückzogen.

Die Hawaiianer kannten die Höhle und wussten, dass man dort die besten und größten Hummer finden konnte. Aber wie an sie herankommen? Wegen Kai-ale-ale traute sich niemand, in die Höhle zu tauchen, denn seine zehn Haie hielten stets Wache, bereit, jeden Eindringling zu verschlingen.

In der Nähe dieser Höhle wohnte ein Junge namens Punia, dessen Vater von einem Hai getötet worden war. Seit dem Tod des Vaters waren Fische für Punia und seine Mutter eine Rarität auf ihrem Speisezettel. Zwar hatten sie genügend Süßkartoffeln, um nicht zu hungern, aber oftmals seufzte Punias Mutter: »Hätten wir doch einen Fisch oder einen Hummer als Beilage zu den Kartoffeln!« Punia überlegte, wie er den Wunsch seiner Mutter befriedigen könnte.

Eines Tages stand er am Ufer oberhalb jener Höhle, blickte hinunter in das klare Wasser: Deutlich konnte er Kai-ale-ale sowie die anderen zehn Haie erkennen. Punias Schatten weckte sie aus ihrem Schlaf.

So weit er konnte, beugte sich Punia über die Kante des Abhangs, unter dem sich die Höhle befand, als hätte er das Erwachen der Haie nicht bemerkt. Damit sie ihn auch gewiss hören konnten, sprach Punia ziemlich laut: »Um Hummer für mich und meine Mutter zu fangen, werde ich hinunter in die Höhle tauchen, denn ich weiß, der Haikönig Kai-ale-ale schläft fest. Mit jeder Hand werde ich einen Hummer ergreifen, damit meine Mutter und ich uns nicht mehr allein von Süßkartoffeln ernähren müssen.«

Etwas undeutlich, aber dennoch verständlich, vernahm Punia das Gespräch der Haie. Kai-ale-ale flüsterte den Haien zu: »Wir werden dorthin sausen, wo Punia taucht, und ihn wie seinen Vater fressen.«

Jedoch Punia war ein schlauer Bursche, der sich nicht so leicht von den dummen Haien überlisten ließ. Nachdem er Kai-ale-ale belauscht hatte, warf er einen Stein weit hinaus ins Meer. Sogleich sausten die Haie dort hin, wo der Stein auf das Wasser prallte. Ihre Höhle blieb unterdessen unbewacht. Blitzschnell tauchte Punia hinunter, ergriff zwei Hummer und hatte längst wieder das Ufer erreicht, als die Haie zurückkehrten.

Damit die Haie ihn auch genau hören konnten, sprach Punia: »In jeder Hand halte ich einen Hummer, den ich mir aus der Höhle der Haie geholt habe. Jetzt kann ich mit meiner Mutter etwas Schmackhaftes zu den Süßkartoffeln genießen. Denn der zehnte Hai – jener mit dem dünnen Schwanz – hat mir verraten, wie ich Kai-ale-ale überlisten könne.«

Als Kai-ale-ale hörte, was Punia sagte, beorderte er alle Haie zu sich und ließ sie in einer Reihe Aufstellung nehmen. Alle zehn waren anwesend – und tatsächlich hatte der zehnte einen dünnen Schwanz.

»Du warst also der Verräter, Dünn-Schwanz«, erregte sich Kai-ale-ale, »dafür sollst du büßen!« Der Haikönig duldete keine Rechtfertigung und befahl, den Dünnschwänzigen zu töten.

Indessen überraschte Punia seine Mutter mit den beiden Hummern. Gemeinsam genossen sie ein köstliches Mahl. Nachdem sie die Hummer verspeist hatten, suchte Punia wieder den

Platz oberhalb der Höhle auf. Wie das erste Mal lockte er die Haie: »Ich werde in die Höhle tauchen, wenn alle Haie schlafen, um mir in aller Ruhe zwei Hummer zu holen: einen für meine Mutter und einen für mich. Unsere Süßkartoffeln werden dadurch schmackhafter sein.« Neuerlich warf er einen Stein, diesmal in eine andere Richtung.

Kaum hatte der Stein die Wasseroberfläche erreicht, flitzten die Haie hin, ließen ihre Höhle abermals unbewacht. Im nächsten Moment tauchte Punia und fasste mit jeder Hand einen Hummer. Wenige Sekunden später erwartete er am Strand die Rückkehr der Haie. »Es war der neunte Hai, jener mit dem großen Magen, der Punia beraten hat.«

Derart narrte Punia die Haie. Jedes Mal beschuldigte er einen bestimmten Hai: den mit dem kleinen Auge, jenen mit dem grauen Fleck auf der Seite. Der genannte Hai wurde von den anderen sodann gefressen – bis einzig Kai-ale-ale übrig geblieben war.

Punia ging in den Wald und hackte zwei Pflöcke Hartholz, beide etwa einen Meter lang. Danach suchte er nach einem Stück *Aulima*-Holz, um es mit einem Stück *Aunaki*-Holz zu reiben und Feuer zu erzeugen. Er sammelte Holzkohle und packte einen Vorrat an Essen in *Ti*-Blätter. Das ganze Bündel trug er an den Strand.

Wieder nahm Punia seinen Platz oberhalb der Höhle ein, die Kai-ale-ale nunmehr alleine bewachte, und sagte: »Wenn ich nun tauche, wird mich Kai-ale-ale beißen und mein Blut wird an der Wasseroberfläche schwimmen. Sobald meine Mutter dies sieht, wird sie mich zurück ins Leben holen. Erfasst mich Kai-ale-ale allerdings mit seinem Maul zur Gänze, werde ich niemals mehr ins Leben zurückkehren können.«

Kai-ale-ale lauschte Punias Worten und überlegte sich: »Ich werde dich nicht beißen, sondern dich verschlucken. Mein Maul werde ich so weit öffnen, dass ich dich mit einem Bissen verschlingen kann.«

Ein wenig Angst hatte Punia schon, ob sein Plan gelingen würde. Würde Kai-ale-ale seine Kiefer weit genug aufreißen? Würde sein Trick funktionieren? Geradewegs tauchte er in Richtung des geöffneten Mauls von Kai-ale-ale, während er sein Paket fest umklammert hielt. Im nächsten Augenblick wurde er vom Rachen des Hais geschnappt. Sogleich klemmte er seine Holzpflöcke in das aufgerissene Maul, sodass Kai-ale-ale es nicht mehr schließen konnte. Wütend schlug er um sich.

Sobald Punia ins Innere des Hais gelangt war, entzündete er die Holzkohle und röstete seine mitgebrachten Speisen. Das Feuer in seinem Magen schmerzte den Hai dermaßen, dass er wild umherschwamm. Schließlich gelangte er an die Küste von Hawaii. »Wenn Kai-ale-ale dorthin schwimmt, wo sich die Wellen brechen, bin ich gerettet«, rief Punia so laut er konnte, »doch sollte er den Strand erreichen, bin ich verloren.«

Natürlich hörte Kai-ale-ale, was Punia sagte. Mit voller Wucht schwamm er ans Ufer. Hilflos lag er im Sand und konnte nicht mehr zurück ins Meer.

Punia kroch aus dem Hai heraus und rief: »König Kai-ale-ale ist gekommen, um uns zu besuchen!«

Als die Menschen dies hörten, liefen sie an den Strand, bewaffnet mit Speeren und Messern, und töteten Kai-ale-ale.

Von diesem Tag an konnte Punia unbehelligt in die Höhle tauchen, sodass er und seine Mutter ihre Süßkartoffeln fortan mit Hummer verfeinern konnten.

Mamala, die Surferin

Kou war ein beliebter Ort für Spiele und Sport unter den Häuptlingen. Ein wenig ostwärts von Kou befand sich ein Teich mit einem wunderschönen Hain von Kokosnussbäumen, die dem Häuptling Hono-kau-pu gehörten. Dort befand sich ein schmaler Eingang zu einem Hafen, durch den die besten Surfwellen hereinkamen. Die Wellen trugen den Namen Ke-kai-o-Mamala, »das Meer von Mamala«. Waren die Wellen höher, nannte man sie Ka-nuku-o-Mamala, »die Nase von Mamala«.

Mamala war eine Prinzessin von halbgöttlichem Wesen. Das bedeutete, dass sie jede Gestalt annehmen konnte, die sie wollte: Mal war sie eine riesige Eidechse oder ein Krokodil, dann wiederum erschien sie als hübsche Frau. Nachdem sie den Hai Ouha zum Gatten genommen hatte, der als Haigott im Meer nahe Waikiki sein Heim besaß, verwandelte sie sich ebenfalls in einen Hai. Mamala und Ouha tranken zusammen *Awa* und spielten *Konane* – eine Art Damespiel – auf dem großen flachen Felsen in Kou.

Mamala war eine hervorragende Surferin. Überaus geschickt tanzte sie auf den wildesten Wellen. Jene Wellen, die sie am meisten liebte, entstanden draußen auf dem Meer, wo die Winde heftig bliesen und weiße Gischt die Wellen krönte, sobald sie in regelmäßiger Unordnung die Bucht von Kou erreichten. Die Leute am Strand applaudierten angesichts ihres außerordentlichen sportlichen Wagemuts.

Nachdem sich der Häuptling Hono-kau-pu entschlossen hatte, Mamala zu seiner Frau zu nehmen, verließ sie Ouha und übersiedelte zu ihrem neuen Gatten. Ouha war zornig und trachtete danach, Hono und Mamala zu töten, wenn sie im Meer schwammen oder Mamala surfte. Sie erahnten Ouhas Absichten und hatten entsprechend Vorsorge getroffen, sodass Ouha davongejagt wurde. Er entkam in den See Ka-ihi-Kapu bei Waikiki. An dessen Ufer erschien er als ein Mann mit Körben voll Krabben und frischen Fischen, die er den Frauen anbot mit den Worten: »Da ist etwas Lebendiges für Ihre Kinder.« Sobald er seinen Korb öffnete, sprangen die Fische und Krabben heraus und entwischten ins Wasser. Die Frauen lachten über den Gott-Menschen, der sich als Verkäufer blamiert hatte.

Da die Hawaiianer – wie alle Polynesier – nicht ertragen konnten, was ihnen Schmach oder Schande in den Augen anderer zufügte, floh Ouha vor dem Spott der Frauen. Er warf seine menschliche Gestalt von sich und vermied es fortan, jemals wieder als Mensch aufzutreten. So wurde er zum Haigott der Küste zwischen Waikiki und Koko Head.

Ein Hai wird vor Waikiki bestraft

Eine der legendären Gestalten der Hawaiianer ist Ka-ehu, der kleine gelbe Hai von Puu-loa. Ka-ehu verfügte über magische Kräfte und große Weisheit, die ihm sein Vorfahre, der Haigott Ka-moho-alii, ein Bruder der Feuergöttin Pele, übertragen hatte.

Einen Teil seines Lebens hatte er mit seinen Eltern verbracht, die vor der Küste von Puna im südöstlichen Teil der Hawaii-Insel die Küste bewachten. Irgendwann waren seine Eltern mit ihm weitergezogen, hatten den mächtigsten Haigöttern einen Besuch abgestattet und sich schließlich in den Gewässern von Oahu niedergelassen. Eines Tages befiel Ka-ehu ein drängendes Heimweh nach der Gegend von Puna.

Ka-ehu rief mit ihm befreundete Haie zusammen, um sich auf den Weg zu machen von den Küsten Oahus nach Hawaii. Bei Waikiki begegneten sie Pehu, einem Hai, der von Maui zu Besuch gekommen war und in den Gewässern lebte, die Hono-ka-hau beherrschte. Pehu war ein Hai, der Menschen fraß. Ungeduldig schwamm er hin und her, wartete auf einen Surfer, der sich weit genug hinauswagte, um verschlungen zu werden.

Was er hier treibe, fragte ihn Ka-ehu. Worauf Pehu antwortete: »Ich fange mir zum Frühstück eine Krabbe.«

»Ich werde dir helfen, diese Krabbe zu fangen«, versprach Ka-ehu und riet Pehu, nahe an das Korallenriff zu schwimmen, während er sich mit seinem Gefolge hinaus ins Meer begeben würde. »Ist erst eine Anzahl von Surfern weit genug draußen, werden ich und meine Haie auf den Plan treten und sie zurück zur Küste jagen.« Sodann könne Pehu gemächlich seine Frühstückskrabbe verzehren. Diese Strategie gefiel dem Hai von Maui. Er schwamm näher an das Riff und versteckte sich in dessen Schatten.

Zu seinen Freunden sagte Ka-ehu: »Wir müssen diesen menschenfressenden Hai töten, der unsere Leute verstört. Derart danken wir ihnen, dass sie uns in Puu-loa verehren. Wir werden Pehu ins seichte Wasser schubsen.«

Eine Zahl von Surfern balancierte auf den Wellen, als Pehu die anderen Haie rief, sie mögen kommen. Doch Ka-ehu vertröstete ihn, er solle auf eine bessere Gelegenheit warten. Bald danach paddelten zwei Männer auf ihren Surfbrettern hinaus, dorthin, wo die größten Wellen sich brachen.

Ka-ehu gab das Signal zum Angriff. Er flüsterte seinen Freunden zu, sie sollten unter die Welle tauchen, sobald diese den wartenden Pehu erreicht habe, und die Männer mit ihren Surfbrettern auf eine Seite drängen, Pehu hingegen in die andere Richtung, wodurch er verwirrt sein würde. Sodann sollten sie Pehu, während er in den Wellen schwamm, über das Riff stoßen.

Als Pehu sich anschickte, einen der Surfer anzufallen, wunderte er sich, dass der Mann in die entgegengesetzte Richtung trieb. Ka-ehu und seine Haikollegen tauchten unter Pehu und hoben ihn aus dem Wasser, indem sie eng beieinander blieben. Sie bugsierten Pehu in eine Spalte des Korallenriffs, sodass sein Kopf festgehalten wurde. Wild drosch Pehu mit seiner Schwanzflosse drauflos, wodurch er aber immer heftiger festgeklemmt wurde, bis er nicht mehr entkommen konnte.

Die Surfer erschraken, als sie den Schwarm von Haien erblickten, die hektisch vor dem Korallenriff hin und her schwammen. Vor Pehu hatten sie nun keine Angst mehr. Also schwammen sie hinaus zu der Spalte, töteten ihn und schnitten ihn in

Stücke. Da sie Haare und Knochen in seinem Magen fanden, war erwiesen, dass dieser Hai Menschen verschlungen hatte. Sie brachten die Fragmente des gewaltigen Fisches nach Peleula, wo sie ein großes Feuer in einem eigens dafür errichteten Erdofen entzündeten und alle Teile von Pehus Körper darin verbrannten.

Ka-ehu schwamm mit seinem Gefolge nach Hawaii als ein Ritter des Meeres, erlebte noch viele Abenteuer und bestrafte übelwollende Bewohner des Ozeans.

Die verliebten Taropflanzen

Ein Häuptling besaß ein sehr feines *Taro*-Feld, auf das er besonders stolz war. Denn die herzförmigen Blätter der Taropflanzen schmeckten gekocht wie Spinat und die zerstampften Wurzeln wurden, mit Wasser vermengt, zu *Poi* verarbeitet, einer Art Kartoffelpüree. Diese stärkehaltige Speise war ebenso beliebt wie nahrhaft. Jeden Tag überprüfte der Häuptling, ob die Pflanzen seines Feldes auch schnell und perfekt gediehen.

In einer Ecke seines Feldes wuchsen Seite an Seite zwei Taropflanzen, hübscher und kräftiger als alle anderen. Wodurch sie sich aber ganz besonders von den anderen Pflanzen unterschieden: Sie waren ineinander verliebt. Gegenseitige Bewunderung erfüllte die beiden Pflanzen und gipfelte im Versprechen unsterblicher Zuneigung.

Eines Tages besprach der Häuptling mit seinen Dienern, welche Speisen für ein Festmahl zubereitet werden sollten. Er wünschte, die besonders hübschen Taropflanzen aufgetischt zu bekommen. Doch einer der Diener hatte die innige Zuneigung der beiden Pflanzen bemerkt und verriet ihnen, dass der Häuptling sie zu verspeisen gedachte.

»Wir lieben uns«, flüsterten sie einander zu, »deshalb wollen wir so lange wie möglich am Leben bleiben.« Sie übersiedelten in eine andere Ecke des Feldes und überließen es ihren Nachbarn, an ihrer statt aus der Erde gezogen zu werden.

Dem Häuptling blieb ihre neue Umgebung nicht lange verborgen und er verlangte aufs Neue, dass man sie pflücke. Wieder entkamen sie. Mehrere Male gelang ihnen die Flucht, bis der Häuptling dermaßen wütend wurde, dass er anordnete, nach ihnen zu suchen und sie auf jeden Fall zu ernten, wo immer im Feld sie sich befänden.

In ihrer Not blieb ihnen nichts anderes übrig, als sich in einem benachbarten Feld zu verstecken. Sie zogen ihre Wurzeln aus dem Boden und benützten ihre Blätter als Flügel. Es währte nicht lange, bis sie auch an diesem Ort entdeckt wurden. »Wir müssen weiter weg.« Als Zeichen des Einverständnisses legten sie ihre Blätter aneinander.

Die Kunde von ihrer Flucht verbreitete sich bis in die entlegensten Winkel der Inseln, denn der Häuptling hatte all seine Freunde benachrichtigt, damit sie ihn unterstützen mögen, der beiden Pflanzen habhaft zu werden. Es schien keinen Platz mehr zu geben, wo sie sicher sein konnten. Auf ihrer Flucht suchten sie sogar Schutz unter Bananenstauden. »Was auch geschehen mag, wir bleiben zusammen«, versicherten sie einander.

Doch kaum hatten sie ihre Wurzeln in die Erde gesenkt, um ein wenig zu rasten, verriet ein Freund des verärgerten Häuptlings ihr Versteck, während ein anderer sie vor den Verfolgern warnte. Mit ihren Blättern erhoben sie sich in die Lüfte, bis sie vor Müdigkeit nicht weiterkonnten und sich in einem abgelegenen Tarofeld niederließen.

Man hatte für sie bereits einen Erdofen vorbereitet, sodass sie wieder ihre Blätter bewegen mussten, um ein neues Asyl zu finden. Wohlwollende Winde trugen sie weit fort, bis sie eine Gegend erreichten, wo ein freundlicher Häuptling sie unbehelligt gedeihen ließ. Dort ließen sie sich endgültig nieder. Sie erreichten ein hohes Alter und unzählige Nachkommen waren die Folge ihrer beharrlichen Liebe.

Glossar

Aku *(Katsuwonus pelamis)*: Streifenthunfisch. Obwohl einer der verbreitetsten Fische in den hawaiischen Gewässern, ist er schwer zu fangen; es müssen dabei besondere Tricks angewandt werden.

Alae-Vögel *(Gallinula chloropus sandwichensis)*: Aschenhennen oder Moorhühner, endemisch auf Hawaii. Ernähren sich von Weichtieren, Wasserpflanzen und Gras. Die Spitze des Schnabels ist gelb, über den Rest des Schnabels bis zur Hälfte des Kopfes zieht sich ein rotes Schild.

Aulima: Holz, das mit einem Stab aus → Aunaki-Holz gerieben wird, um Feuer zu erzeugen.

Aumakua: Geister der Vorfahren, Hausgott.

Aunaki: Holzstab, der mit → Aulima gerieben wird, um Feuer zu erzeugen.

Awa: Ein berauschendes Getränk von bitter-scharfem Geschmack aus der Wurzel der Awa-Pflanze *(Piper methysticum)*. Die Wurzel wurde so lange gekaut, bis sich daraus Bällchen formen ließen. Diese wurden in die halbierte Schale einer Kokosnuss gesetzt und mit Wasser sowie Halmen des Ahu-awa-Grases im Uhrzeigersinn verrührt. Die Reste der Awa-Wurzel wurden ausgepresst und alle Faserteile entfernt. Der erste Schluck des Getränks diente als Opfergabe für die Geister der Vorfahren. Der König hatte die Ehre, den letzten Becher zu trinken. – Frühestens nach zwei Jahren konnten die Wurzeln geerntet werden. Die besten waren bis zu zwanzig Jahre in der Erde, je älter, desto besser war die Qualität. Das Getränk entspannte Muskeln und Körper, lähmte aber auch die Zunge. Wenn jemand zu viel Awa trank, konnte es passieren, dass er sich nicht mehr bewegen konnte und einschlief, wo er gerade saß. Das Wort Awa bedeutet »bitter«. Gesüßt wurde das Getränk mit Süßkartoffeln oder Zuckerrohr. Awa half gegen Zahnschmerzen, Kopfschmerzen, reinigte die Nieren und war heilsam bei Lungenproblemen. – Ein göttliches Getränk!

Eepa: Gnome oder Kobolde, meist körperlich deformiert und in den Wäldern beheimatet, ausgestattet mit außergewöhnlichen magischen Kräften. Sie duldeten keine Eindringlinge in ihrem Reich.

Elepaio *(Chasiempis sandwichensis)*: Ein kleiner Vogel, bedeckt mit gesprenkelten Federn, rot und schwarz an den Flügeln, der Specht der Hawaiianer. Ein sehr aktiver und angstloser Vogel, der manchmal Wanderern folgt. Seinen Namen verdankt er seinem Ruf: »El-e-pai-o«. Er ist der Beschützer der Kanumacher.

Hala-Baum *(Pandanus odoratissimus)*: Auch Screw Pine, Pandanuspalme oder Schraubenbaum genannt, da die Blätter schraubenförmig um den Stamm gewunden sind. Die Luftwurzeln vermitteln den Eindruck, als würde der Baum »gehen« oder auf Stelzen stehen. Da die Blätter sehr biegsam sind, wurden daraus Matten, Körbe, Fächer, Sandalen und Röcke geflochten. Er findet auch in der Heilkunde Anwendung. Die Zapfen erinnern in ihrem Aussehen entfernt an eine Pineapple (Hawaii-Ananas). Sie wurden als »Pinsel« bei der Bemalung von ⏤ Kapa verwendet.

Halau: Langhaus, in dem Kanus gelagert oder Hulatänze unterrichtet wurden.

Hau-Baum *(Hibiscus tiliaceus)*: Ein Tieflandbaum, oftmals als Windschutz eingesetzt. Früher musste die Bewilligung des Häuptlings eingeholt werden, um den Baum zu fällen. Er liefert ein leichtes, weißes Holz mit einem braunen Kern, das für die Auslegerarme der Kanus verwendet wurde, ebenso für Speere und das Gerippe von Drachen. Auch Schnüre und Seile wurden daraus gefertigt. Um anzuzeigen, dass ein Revier unter dem Gesetz (Tabu) eines Häuptlings stand, wurden Hau-Zweige an der Küste ausgelegt. Die Schwester der Göttin Hina wurde in einen Hau-Baum verwandelt.

Hinalea: Kleine bis mittelgroße, überaus bunte Fische zahlreicher Arten *(Thalassoma duperreyi* und *ballieui; Coris gaimard; Labroides phthirophagus;*

Gamphosus varius): Regenbogenbrasse, Sonnenuntergangsbrasse, Vogel-brasse, Schnabelfisch. Sie halten sich abseits, verborgen in den Spalten von Korallenriffen, sodass kein Taucher sie leicht zu Gesicht bekommt.

Ho-o-hala-Baum: Eine andere Bezeichnung für → Hala-Baum.

Humu-humu-nuku-nuku-a-puaa *(Rhinecanthus aculeatus)*: Nationalfisch Hawaiis. Übersetzt »grunzendes, plumpes Schwein«: Der Humu-humu-nuku-nuku-a-puaa soll grunzende Geräusche von sich geben und auch sein orangegelbes Maul erinnert an das eines Schweins. Am Rücken trägt er schwarze Dornen, die er als Waffe gegen Feinde einsetzt. Er ist ein langsamer Schwimmer, lebt in Riffen und wird bis zu dreißig Zentimeter lang. Laut Mythologie hat sich der Schweinegott in diesen Fisch verwandelt, als er von der Vulkangöttin Pele in die Flucht geschlagen wurde.

Ie-ie *(Freycinetia arborea)*: Ein Klettergewächs, endemisch auf Hawaii. Aus den Zweigen wurden Körbe geflochten.

Ikoi: Eine Waffe; an einem langen und starken Seil war ein schweres Stück Holz befestigt. Das Seil wurde wie ein Lasso geschwungen, der Gegner solcherart »umwickelt« und gefesselt.

Kahiki: Tahiti, aber auch in der Bedeutung eines weit entfernten Landes.

Kapa: Stoff, der hauptsächlich aus der Rinde des Maulbeerbaums *(Broussonetia papyrifera)* gewonnen wurde. »Kapa« bedeutet »geschlagen«. Die innere Rinde wurde von der äußeren entfernt, in fließendem Wasser eingeweicht, wodurch die Stärke herausgewaschen wurde. Sodann begann der Trocknungsprozess und das Schlagen der Rinde, eine Aufgabe der Frauen. Durch jedes weitere Schlagen wurde Kapa dünner und gewann an Ausdehnung. Schließlich zwischen Blättern zur Fermentation gelagert, um die Fasern weicher zu machen, in der Sonne getrocknet und gebleicht, danach bemalt oder mit Stempelabdrucken verziert. Jede Kapa-Macherin hinterließ ihr Wasserzeichen. Die Qualität des Stoffes war abhängig von der Güte der Rinde sowie der Geschicklichkeit der Macherin. Kapa war haltbar, wasserabstoßend und waschbar.

Kilu: Ein Spiel mit Kokosnüssen oder kleinen Kürbissen, das eine stark sexuelle Komponente aufwies.

Koa-Baum *(Acacia koa)*: Hawaiisches Mahagoni, diente zur Herstellung von Kanus, Surfbrettern, Kalebassen und ⇀ Ukuleles.

Konane: Ein Spiel, ähnlich dem Damespiel.

Kukui-Baum *(Aleurites moluccana)*: Candlenut Tree, Kerzennussbaum, gedeiht in feuchten, tropischen Regionen, heimisch in Polynesien, Malaysia und den Philippinen, der Nationalbaum Hawaiis. Der Baum fand vielfache Anwendung: Das Öl der weißen Nüsse wurde für Steinlampen benützt. Die ungeschälten Nüsse wurden aufgespießt und wie Kerzen verwendet, daher der englische Name des Baumes. Aus den weißen Blüten wurden Blumenketten (⇀ Lei) geknüpft. Rinde, Blüten und Nüsse wurden im medizinischen Bereich angewandt, zum Beispiel bei Entzündungen des Mund- und Halsbereichs, bei Verstopfung oder hohem Blutdruck. Die Rinde lieferte eine rotbraune Farbe, mit der ⇀ Kapa verziert wurde, der gummiartige Saft verstärkte die Festigkeit des Stoffs. Der Ruß verbrannter Nüsse wurde als Farbe für Tätowierungen oder die Bemalung von Kanus verwendet. Das Öl der Nuss, es erinnert an Leinsamenöl, erhöhte die Haltbarkeit der Fischnetze. Indem die Fischer pulverisierte Nüsse auf die Wasseroberfläche bliesen, entstand ein Ölfilm, der eine bessere Unterwassersicht ermöglichte.

Kupua: Ein Wesen, das darüber entscheiden konnte, als Tier oder als Mensch zu erscheinen. Es gab Kupua-Gnome und Kupua-Frauen, die über Zauberkräfte und wundersame Fähigkeiten verfügten.

Lehua: In erster Linie die Blüte, aber auch der Strauch des Hibiskus (⇀ Ohia).

Lei: Typisch hawaiische (Blumen-)Kette.

Maile *(Alyxia oliviformis)*: Einheimischer Strauch mit duftenden Blättern, die für Dekorationen und Blumenketten verwendet werden.

Mana: Übernatürliche oder göttliche Kräfte, die sich auf verschiedenartige Weise zeigen konnten.

Mo-o: Drachen, die oftmals menschliche Gestalt annehmen konnten.

Noio *(Anous minutus melanogenys)*: Hawaiische Seeschwalbe oder Weißköpfiger Noddy, endemisch auf allen Hawaii-Inseln.

Ohelo *(Vaccinium reticulatum)*: Ein kleiner einheimischer Strauch, trägt wohlschmeckende rote oder gelbe Beeren, die an Preiselbeeren erinnern. Der Vulkangöttin Pele waren diese Beeren heilig.

Ohia *(Metrosideros macropus* oder *Metrosideros collina)*: Hibiskus. Es gibt viele Arten mit unterschiedlich gefärbten Blüten; diese halten sich auch ohne Wasser über mehrere Tage frisch. Bedeutsame Rolle bei der Parfümherstellung.

Olona-Pflanze *(Touchardia latifolia)*: Vorwiegend auf Hawaii heimisch, ein Gewächs, aus dem Fischnetze und Körbe hergestellt wurden, als es weder Plastik noch Nägel gab. Die Rinde ließ sich relativ leicht ablösen. Darunter befand sich eine Faser, angeblich um ein Vielfaches haltbarer als Hanf. Dieser Olona-Faser bediente man sich überall dort, wo Seile oder Fäden erforderlich waren. Feine Fasern wurden zum Vernähen von → Kapa verwendet, auch band man damit die Nabelschnur von Neugeborenen ab.

Poi: Brei (→ Taro).

Popolo *(Solanum nigrum)*: Schwarzes Nachtschattengewächs, wichtig in der hawaiischen Heilkunde, mit Dolden kleiner, schwarzer, essbarer Beeren.

Pueo *(Asio flammeus sandwichensis)*: Kurzohr-Eule, endemisch auf allen Hawaii-Inseln. Jagt in Wäldern, aber auch im Grasland. Wurde als Gott und als Schutzgeist verehrt.

Taro *(Colocasia esculenta)*: Wasserbrotwurzel aus der Familie der Aronstabgewächse. Eine der wichtigsten stärkehaltigen Pflanzen der tropischen Gebiete. Die Blätter haben eine herzförmige Gestalt, ihr Geschmack ähnelt dem von Spinat. Die Wurzeln wurden zerstampft und mit Wasser aufgegossen, der daraus entstandene Brei wurde Poi genannt. Man aß Poi entweder frisch oder ließ ihn einige Tage fermentieren, wodurch er einen sauren Geschmack annahm. Je nach Konsistenz wurde er als »Einfinger«, »Zweifinger« oder »Dreifinger« bezeichnet.

Ti *(Cordyline terminalis)*: Ein Liliengewächs, das bereits von den frühesten Siedlern nach Hawaii gebracht wurde; gedeiht im tropischen Bereich des Pazifik und in Südostasien. Als Glücksbringer pflanzten die Hawaiianer Ti rund um ihre Hütten. Die Pflanze ist dem Gott Lono sowie der Hulagöttin Laka heilig. Sie ist Zeichen adeliger Geburt und göttlicher Kraft. Den Blättern wurde nachgesagt, bösen Zauber abzuwehren. Die Priester trugen Ti-Kleider, wenn sie eine spirituelle Zeremonie leiteten. Noch heute werden Ti-Blätter bei religiösen Feiern benützt, um neue Gebäude und Projekte einzuweihen. Mit Ti-Blättern deckte man Häuser, verpackte Lebensmittel, um sie aufzubewahren oder zu garen, man verwendete sie als Fischköder, fertigte Huläröcke daraus oder deckte damit den Tisch für ein Festmahl. Auch fand die Pflanze medizinische Anwendung: Bei Fieber wurde der nackte Körper in Ti-Blätter gewickelt.

Ukulele: Hawaiischer Name für eine kleine Gitarre portugiesischen Ursprungs mit vier Saiten.

Ulua *(Carangoides orthogrammus)*: Die Fische dieser Familie gehören zu den schnellsten und gefräßigsten des Meeres; ihr Lebensbereich ist die Tiefsee, doch fallen sie mitunter über die Bewohner eines Riffs her, um sich satt zu fressen. Bei seinen Angriffen verlässt sich der Ulua auf seine Geschwindigkeit; sein Appetit ist erstaunlich. Seine Schnelligkeit und Zähigkeit stellen für jeden Fischer eine Herausforderung dar: Er ist der für seine Größe am heftigsten kämpfende Fisch. Einmal an der Angel, taucht er in tiefe Bereiche und gibt nicht auf, bevor er völlig erschöpft ist. Selbst Jungfische sind furchtlose Kämpfer. Auf dem Markt bringt ein Ulua einen guten Preis.

Wili-wili-Baum *(Erythrina monosperma* oder *Erythrina sandwichensis)*: Tigerklaue. Er liefert ein leichtes, aber hartes Holz, aus dem die Schwimmkörper der Auslegerkanus hergestellt wurden. Die Blüten tragen ein intensives Rot.

www.deuticke.at

Fotomechanische Wiedergabe bzw. Vervielfältigung, Abdruck,
Verbreitung durch Funk, Film oder Fernsehen sowie Speicherung
auf Ton- oder Datenträger, auch auszugsweise,
nur mit Genehmigung des Verlags.
Umschlaggestaltung: Studio Hollinger
Druck: Wiener Verlag, Himberg
Printed in Austria
ISBN 3-216-30574-0

Haena
Na-Pali-Küste   Hanalei   Kilauea
          Kapaa
Mana   Wailua
   Waimea
       Lihue
Hanapepe   Poipu

Kauai

Niihau

Kaena Point   Laie
          Haleiwa
         Wahiawa
Makaha
              Mokapu P
Pearl City   Kailua
Waipahu
HONOLULU

Oahu

PAZIFISCHER OZEAN

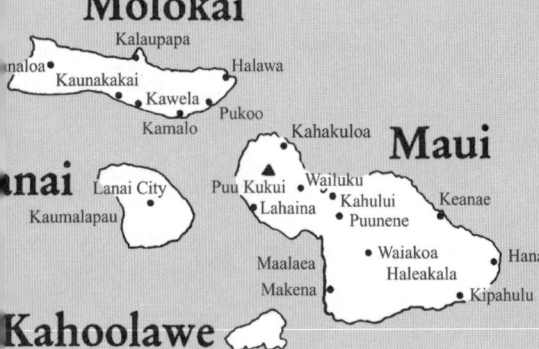

Molokai

Kalaupapa

analoa • Kaunakakai • •
Kawela •
Kamalo •
Halawa
Pukoo

Maui

Kahakuloa

Puu Kukui ▲ Wailuku
Lahaina • Kahului
Puunene

Lanai City •
Kaumalapau

nai

Maalaea
Makena •

Waiakoa
Haleakala •

Keanae

Hana •
Kipahulu •

Kahoolawe 🝙

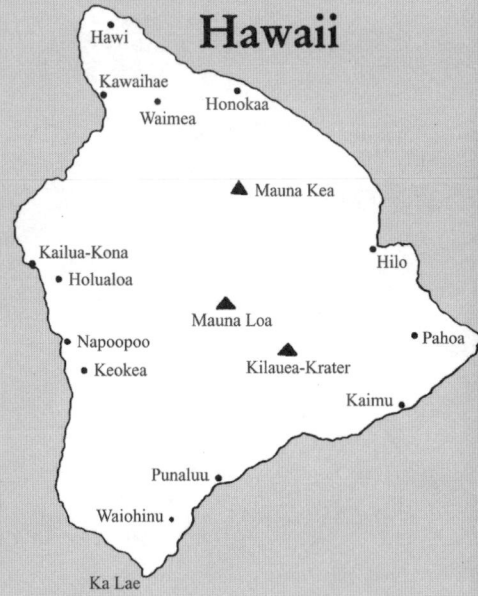

Hawaii

Hawi •

Kawaihae •
Waimea •

Honokaa •

▲ Mauna Kea

Kailua-Kona •
Holualoa •

Hilo •

▲ Mauna Loa

Napoopoo •
Keokea •

Kilauea-Krater ▲

Pahoa •

Kaimu •

Punaluu •

Waiohinu •

Ka Lae